現代政治＊発想と回想

松下圭一

法政大学出版局

現代政治＊発想と回想／目　次

1

現代政治と私の考え方

私の仕事は一九五二年からなので、ほぼ五〇年、いわば半世紀ということになります。今日は、おまねきをうけ、私の考え方をふりかえる機会をつくっていただき、感謝しております。

私は友人による還暦論文集とか、あるいは二〇〇〇年三月の停年にともなう最終講義、また個人全集の編集などといったような、学界での恒例行事を一切おことわりしてきました。ですから、私自身の仕事をふりかえって、あらためて考える機会がなかったといえます。

ただ、停年のおり、法政大学法学部の『法学志林』二〇〇一年三月号に、「著述目録」というかたちで、著作、論文、編著、また座談、講演の記録、あるいは資料集や講座の編集など、私がたずさわった「活字」テキストの一覧をのせていますが、これは本書に再録することにしました（本書巻末一〜三二頁）。

大学院生からの要望とのことでしたが、せっかく村松岐夫さんに京都大学大学院での「戦後日本政治学説史」スクーリング（二〇〇一年六月二〇日）で機会をつくっていただいたものですから、自分の考え方をかえりみるのは誰もがむずかしいとわかっているものの、日本の戦後思想・理論史の深層へのきりこみにもなりますので、すぎし半世紀の日々をふりかえることにしました。

また、戦後史については、若い世代による研究がはじまりつつあるなかで、思想・理論史関連の問題設定が弱く、しかも訓練された構想力がないとき、第一次資料をふまえても、研究という名の「歴史の偽造」もすすむため、私なりの〈時代経験〉についての証言もあってよいと考えました。

村松岐夫さんには、お誘いの手紙で、私の仕事について、(1)「政治思想研究家として」、(2)「大衆社会論以来の世論形成に積極的に参加し」、(3)「地方自治（分権・分節型社会）」を提起、という三分野に整理していただきました。私なりには、これに〈政策〉ついで〈制度〉をめぐる市民型思考の熟成への構想という二分野をくわえて五分野とし、それぞれ三点ずつコメントいたしました。

新しくまとめたこの第1論考は、いわば、私の活字テキストをめぐるコンテキスト、つまりそれぞれの分野における私の問題設定、ついで考え方についての自己開示の試みといってよいでしょう。ただ、個人の仕事の評価・位置づけは、誰についてもむずかしく、まして私自身については不能のため、判断停止にしています。

都市型社会に移行した今日の日本では、政官業それに学の既得権複合によって戦中、戦後に強化された「明治国家」型の官治・集権システムを切開して、その深部から、《市民政治》型の自治・分権システムへの《再構築》が急務、というよりこの「日本転型」という事態をめぐって緊急となっています。

さしあたり経済が上向いても、敗戦国なみの超絶したGDPの一・五倍という、国・自治体の政府借金がのこり、金利上昇となれば、税収増以上に雪ダルマ式にこれらの政府借金は一斉にふくらみます。くわえて、人口絶対減をともなう高齢社会にはいってきました。この構造要因からあらためて、政治・行政をめぐる官治・集権、つまり中進国型という緊迫事態を、正視する必要があります。

今後、日本は、自治・分権型の先進国政治・行政への飛躍ができず、人口減少、巨大借金とあいまって、官治・集権型の中進国状況のまま、衰退していくこともありうるわけです。とくに一九八〇年代前後には、「ジャパン・アズ・ナンバーワン」とおだてられて先進国状況にはいったと錯覚ないし幻想をもったため、先進国状況への転型にとりくむ戦略構築に失敗していたのです。すでに二〇年おくれています。

政治学は「実証・検証」の学であるだけでなく、基本は「予測・調整」「組織・制御」ないし「構想・選択」、つまり「状況・決断」をめぐる学です。だが、日本は、戦後の中進国型経済成長に幻想をもちつづけ、また明治国家を継承して官治・集権型だった戦後政治・行政の構造特性ないし文化特性を自讃し、自治・分権型への転型という《日本再構築》にとりくみえなかったといえます。戦後の社会・経済・政治あるいは文化・理論のあり方についての評価は、今後、きびしくなっていくでしょう。

このとき、もし、既成の考え方による実証・検証のみにとどまるならば、現状の追認さらには美化という、理論家失格におちいることになります。そのうえ、二〇〇〇年前後からの日本の構造危機について、これに対応する《転型》の方向と《再構築》の戦略を予測・構想できなかった理論家には、その市民責任も問われます。

私が出発した一九五〇年代は、日本政治学会が発足したばかりで、実質の会員も二桁単位にすぎませんでした。研究領域もほとんど未開でハジメテの分野が多いという意味で、青空がひろがっていました。

ところが、最近では日本政治学会が一国一学会となるいわゆる「包括学会」のためもあって、会員数も一六〇〇人になっていますから、皆さんのような若い大学院の研究者からみれば、空は青空ではなく先輩の業績という「黒雲」ばかりということになります。もちろん、先人の多様かつ幅広くひろがる業績をふまえることにもなるため、それらへの批判をふくめて、高い出発点をもちうるという幸せもあります。

二〇〇〇年代にはいった今日、都市型社会の成立をみて、「構造改革」という言葉の氾濫にみられるように、日本の政治・行政、経済・財政、また文化・理論は急速な転型期にはいっているわけですから、この変革という嵐によって旧世代の「黒雲」は吹きとび、若い研究者にはまた新しい青空がひろがるとみてよいでしょう。この課題変化、視座転換、さらには世代交替にともなう理論再編は、政治学ではとくに宿命とみるべきです。

［なお、京大での報告では時間の関係で、メモのようなかたちで論点のみの指摘にほぼ終わっていましたので、今回あらためて文章としてまとまるよう加筆しました。章節わけはほぼもとのままですが、内容としてはより整理されたのではないかと考えています。二〇〇一年、京大のスクーリングにご参加いただいた方々のご理解をお願いしたいと思います。］

1　市民政治理論の形成史

最初の著作となりました『市民政治理論の形成』（一九五九年、岩波書店）は、ロックを市民政治理論の「古典」的形成者とする結論を導きだすことになりました。この一七世紀イギリスの理論家ロックは、私の学部学生の時からのテーマとなっています。

一九四五年八月の敗戦時、私は旧制中学四年、いまでいえば高校一年で一五歳です。当時、中学三年では出征兵士の農家に時折の農業動員、中学四年では学校は閉鎖状況となり、爆撃機などのプロペラづくりのため、徹夜をふくむ工場動員という日々でした。体が弱くて軍国少年になれなかった私は軽い結核にかかっています。胸のレントゲン写真には、今も小さな、いわゆるカルクがいくつもみえます。

私の数年上の世代になりますと、すでに「戦場」に行っております。私の世代でも予科練にいった中学友人は、「猛訓練」と栄養失調のため結核にかかって、敗戦後に復員し、その後、一人また一人と亡くなっていきました。ほとんどつたえられていない戦争犠牲者がここにもいたのです。

戦時は、戦争イデオロギーにあふれていましたが、上の諸世代とは異なって幼いため、私はまだ個人としての自覚をもってこれにとりくんではいない年齢でした。また、一九四五年七月の福井市への空襲では、私も焼死寸前となっています。近所の方々の防空壕では死屍累々でした。ここにも、前にのべた旧制中学の友人と同じく、明治国家のシカケである位階勲等、恩給また靖国合祀に関係のない、戦争による死があったのです。私をふくめ焼けだされた被災者たちは、八月一五日以前に放心状態で、すでに無気力、つまり戦争離脱となっていました。

八月一五日は、このため、私には通常語られているようなショックはなく、暑い夏日のもと、米の配給の行列に並んでいて、敗戦を知ります。「あ、終わったのか」という、いわばスカスカしたうけとめ方でした。行列の人々も同じようで、特別の反応もなかったようです。その日、福井も快晴で、正午ごろアメリカの長距離戦略爆撃機B29が太陽光線をうけてキラリと光りながら、高空を飛んでいたのを、今も覚えています。

敗戦のころは、すでに、厭戦気分がひろがっていて、工場などでの欠勤率もたかく、タテマエとは異なって、実質は戦争から離脱している人々がいました。いわば、戦争賛成・反対いずれにしろ、戦争を内面化しえた知識人層あるいは軍将校の反応とは異なっていたのでした。とくに、アメリカ軍が京都、奈良、金沢など、爆撃の対象にしなかった歴史都市をのぞいて、ほぼ全国の都市空襲で丸焼けとなった人々は、田舎の親戚での居候か、焼跡に小屋をたててスベリヒユなど路傍の雑草まで喰べるといった状態で、日々の生活におわれ、戦争はすでに「非現実」となっていました。敗戦後はまた、超インフレないしヤミ市の時代となります。そこには、「日常」の崩壊があったのです。

敗戦翌年の一九四六年、金沢の旧制第四高校に入学しました。だが、その三年のとき、一九四八年、先の阪神・淡路大震災並みの福井大地震のため、戦争末期の空襲とともに、数年の間に敗戦をはさんで二度、家をうしなりこます。

なうことになります。この二回、いずれも、私は地域での社会、ついで政治・行政の崩壊を〈経験〉することになります。

その経験をもとに、慣習つまり「日常」の崩壊を主題とした『習慣について』という長い文章を書き、一九四九年三月の卒業時に、高校の文芸部雑誌に発表しました。読みなおしますと、稚拙な文章で冷汗がでます。

その折、いずれも翻訳でしたが、習慣を考察した哲学者のラヴェッソン、ベルグソン、デューイ、さらにはヒュームなどをふまえて考えていました。大学時代には、このヒュームとの関連でロックにいきつきます。その後、ロックを焦点とした、市民政治理論の形成という主題にむけて、私の理論関心がひろがります。

一九五一年、旧制大学三年のとき、ロックについての学生論文を書き、感謝の言葉もないのですが、丸山眞男先生には病床で読んでいただいています。一九五二年、この論文に手を加えて、法政大学法学部の『法学志林』に「ロックにおける近代政治思想の成立とその展開」(1)、ついでこれを読んでいただいたのか水田洋さんから突然の連絡で、一九五四年、一橋大学の『一橋論叢』に(2)を、それぞれ分載いたします。

その頃は、敗戦直後のため印刷工場の水準も低く、『法学志林』の校正を何回しても直りきらないという最悪の事態も経験しました。このため、東京大学出版会の畏友石井和夫さんに相談して、法政大学近くのすぐれた技術をもつ理想社を紹介され、その後今日も『法学志林』はここでお願いしています。

この一九五〇年代は、日本におけるヨーロッパ思想史研究では、軍隊にもいかれた戦中派の福田歓一さん、水田洋さんらが仕事をされはじめていました。だが、戦時中の日本は理論鎖国だったうえに、敗戦後も戦後の欧米で飛躍的にたかまる思想史研究の専門文献がまだひろくは入らない時代でした。また、貸出し制度の整わない時期でしたから、戦前の文献についても、各大学図書館の利用には、私は個人として各大学の友人にお世話になりました。いつも思い出して恐縮しています。ただ、ヨーロッパ思想史もふくめて最新の研究書や研究誌などを、占領政策の一環として公開していた日比谷の「アメリカ文化センター」にはよくかよいました。

[a] 政治理論における「近代」

「理論における《近代》」の成立をめぐって、ひろく近代社会理論（→民主化）の成立史に、近代自然科学（→工業化）の成立史をくみあわせながら、ロックが創始者となる「市民政治理論」の形成を、前述の学生論文から私なりに構想していきます。いわば、一七世紀イギリスの「市民革命」（→民主化）の時代は、また同時に「科学革命」（→工業化）の時代でした。このような時代の構造を反映して、みずから医師でありニュートンの友人で、ロイヤル・アカデミー会員のロックは、同時に政治亡命をする名誉革命の革命家でもあったのです。工業化・民主化を普遍文明軸として設定するという私の思考原型は、この時点ではじまります。

ロックの主著名にあるCivil Governmentをめぐって『市民政府論』という邦訳名は私がつくり、岩波文庫の訳書名にもなるのですが、『日本国憲法』をみればただちに気づくように、ロックの考え方は政治についての今日の地球規模での市民常識の原型をかたちづくっています。このため、今日ではロック自体が逆に「常識」的とみなされます。

だが、戦前の日本では、バクーニンやレーニンをふくめて多くの戦闘的革命家の著作が翻訳されるにもかかわらず、ロックの『市民政府論』は翻訳されません。君主制・家長制をめぐる日本型徳目である「忠孝」への直接・公然の批判とうけとられていたからです。日本にとって、それほどラジカルな理論構造をもっていました。

また、ロックの理論は、一八世紀には、フランス革命につらなる「啓蒙哲学」の原流をかたちづくるだけでなく、アメリカ建国のファーザーたちからペインなど、ついでイギリスのベンサム、ドイツのカントをへて、さらにマルクス、レーニンなどの革命理論家もふまえた《市民社会》理論の原型となります。

ロックはカントも認める近代認識論の樹立者という位置にあります。私は「初期」資本主義の《自然科学》〈工業化〉方法論であるこの〈近代認識論〉とともに、同時に「自然状態」としての《市民社会》〈民主化〉を設定して〈近代自然法論〉をかたちづくるというロック理論の構造連関に、この学生論文でとりくみました。

まず、ロックの「自然状態」は、当時の分業と貿易によって特性づけられるのですが、前述の「初期」資本主義段階という経済史家ネフの業績をふまえながら、「市民社会」の理論構造をもつと位置づけます。ここから、「理論における《近代》」とは何かを問いつつ、啓蒙哲学ないしアメリカ革命、フランス革命などと「市民社会」理論、さらにはマルクスをふくめた「市民社会」主義としての一九世紀社会主義理論、それぞれへの、ロック理論のつながり方を問題としていきます。前掲拙著『市民政治理論の形成』第五章「市民政治理論の歴史的展開」がこれです。

ロック理論の特性は、ロックによる時代の「経験」、それは当時「初期資本主義」の先進国だったイギリスではじめて可能となった生活構造をめぐる「経験」ですが、この「経験」を原基とした「自然」の理論設定にあります。ロックが「経験」する《自然》つまり「自然」科学の成立がはじめて、ヨーロッパ中世がきずきあげた巨大なスコラ理論、のみならずデカルトやホッブズなどが抽象的に構築した近世バロック理論をたちまち崩壊させ、無効とします。私は「理論における《近代》」の成立という、画期性をもつ歴史の転型時点に、ロック研究によってふれえたわけです。

日本でも当時、経験論（自然科学）と合理論（自然状態論）を対立させるという、一九世紀後進国ドイツの哲学史からくるドグマがひろがっていました。そこには、ロックの『人間知性論』→自然科学と『市民政府論』→自然状態論とは方法として矛盾するという、いわば「ロック問題」ともいうべき、当時の国際的な問題設定があったのです。これを批判して、私は矛盾ではなく、本来、前述のような構造連関をもつことを論証していきます。

このロックのいわゆる方法的矛盾については、その後、新発見された若きロックのラテン語草稿で、「経験」による「自然法」の認識という私の想定どおりの決着をみました。この草稿が公刊される以前に私は、前掲学生論文での思想史の視点からみて、矛盾はない、とその構造連関をのべていたのでした。最近は、国際的にもこのような位置づけとなりつつあるようです。

もちろん、若き日にオックスフォード大学の古典学教師だったロックは、「古代」共和政治の教養をふまえ、政治理論と異なる政治技術（the art、ロック英文全集第三巻二九六頁。『法学志林』一九五二年一〇月の拙稿三五頁註1）という独自課題も設定しています。そのうえ、その革命権の理論も「中世」立憲政治をふまえていたため、「最後のモナルコマキ（暴君放伐論者）」とも、ロックはいわれていました。

そのとき、ロックが弁証したのは、一七世紀イギリス市民革命の成果としての「名誉革命」で再編されるイギリス古来の身分議会でした。中世議会の「身分特権」と、自然法にもとづく近代個人の「自然権」との思想連関をどう位置づけるか、いわば中世立憲政治から近代立憲政治へのつながり如何という、また思想史研究ならではの思考地平を、ロックは教えてくれました。

ここから、ロックの自然法論と中世立憲政治の関係という、第二のロック問題がでてきます。ロックは「自然法論」を若き日からふまえていますが、このロックが弁証したイギリス名誉革命は、イギリス「古来の法」の擁護にあったため、これが矛盾ではないかという問題です。これについては、私はイギリス革命期における「古来の法」から『人民協定』までの議会内外の論争をふまえた、ロック自身の中世立憲政治（古来の法＝議会主権）から近代立憲政治（自然法＝人民主権）への転換というかたちで解決します。この転換のテコが、《市民社会》を構築する「社会契約」の論理の課題でした。

宗教のレベルでみれば、ロックの晩年の考え方は限りなく無神論に近づく理神論とみてよいのですが、出生はイギリス国教会とたたかうピュリタンの家系でありながら、国教会に終身所属し、主著『市民政府論』におけるフッカー理論の操作にみられるように、国教会の神学にも熟達しています。

これがまた第三のロック問題となります。ロックはイギリス国教会にとどまりながら、なぜ晩年、啓蒙哲学のなかでも急進派フランス感覚論を準備する無神論に近づいたのかという論点です。ロックが自然科学の方法つまり経験論によって、近代以前の〈実体概念〉を否定したかぎり、第一の「実体」としての神観念の崩壊は必然でした。しかも、ロックがキリスト教以外の神についての〈寛容〉すら論じたとき、実質、キリスト教徒ですらない理神論者だったのです。

以上の問題性をもつロックのロックたるゆえんは、拙著『ロック「市民政府論」を読む』（一九八七年、岩波書店）であらためてのべましたように、近世バロックをのりこえて、「理論としての近代」つまり《近代》理論の原型をかたちづくったところにあります。ロックは前述した一七世紀先進国イギリスにおける黎明期の初期工業化・初期民主化の〈経験〉をふまえて、以上の〈三問題〉をめぐる「理論としての近代」をかたちづくり、一八世紀《啓蒙哲学》の祖となるとともに、《市民革命》としてのアメリカ革命、フランス革命を「市民社会」の自立という理論文脈で準備したのです。

なお、『市民政治理論の形成』の序言にのべている私の思想史方法論は、マルクス、ディルタイ、カッシーラー、ボルケナウ、マンハイムなどに、当時の知識社会学ないし歴史社会学の発想をくわえた、思想史独自の基礎方法論に学んでいます。くわえて、ロックへの直接言及はいずれも少なかったにもかかわらず、メートランド、バーカー、またギールケ、トレルチ、ウェーバー、マイネッケ、ついでデュギー、ラスキなどのヨーロッパ「近代」思想をめぐる基礎研究、あるいは当時刊行されたばかりのクランストンによるロックの伝記（一九五七年）をはじめとした高水準の個別実証研究、それに、ようやく欧米で本格的展開をみはじめた近代自然科学の成立史研究といった成果があって、このロックにとりくめたと思います。

〔b〕 基本概念としての「個人自由」

「理論としての近代」の基本概念をなす「個人自由」、ついでこの個人自由を基体とした、自治・共和としての《市民社会》という、当時の原子論的・機械論的な理論構成に接近するには、《個人》の析出を起点とした「初期」資本主義型の自然状態→自然権→社会契約という、当時の近代自然法をめぐる概念装置へのとりくみだけでは理解できません。

前述したロックの理論に即して考えるとき、自然状態（市民社会）における自然権（生命・自由・財産）の設定を基軸に社会契約つまり「市民合意」というかたちで、ヨーロッパ近代理論が構築されるのですが、次のマクロの人類普遍原理への理論展望がまた不可欠でした（図1―5・本書五〇頁参照）。

① 古代共和原理→市民という自由身分による政治（戦士）共同体への「参加」の位置づけ
② 中世立憲原理→身分自由の政治制度化である議会・政府への「信託」の位置づけ
③ 近代個人原理→個人自由の基礎である「生命・自由・財産」＋「寛容」の位置づけ

この①②③へのとりくみでは、いずれも当時の日本の研究水準が低いため苦労しました。とくに、②の中世立憲政治、③をめぐる宗教「寛容」については、実質、未開の領域でした。当時の日本における政治学・法学は、一九世紀ヨーロッパでは後進国だったドイツ系の国家観念崇拝が主流でしたので、しかも日本では二一世紀の今日もこれが意識下ではまだつづいているのですが、この②③については、敗戦直後である当時の理解をこえていたというのが、実状でした。

日本の維新前後における英米仏といった一九世紀先進国理論の導入は、明治啓蒙思想、自由民権どまりで、明治憲法制定ののちは、もちろん異端もありましたが、正統理論は各帝国大学法学部の主流をなした一九世紀ドイツ系の後進国型官僚国家理論を原型としていました。そのうえ、戦時中は、リベラリズムのイギリス、デモクラシーのアメリカを「鬼畜米英」といっていたのです。このため、ここでのべた①②③をめぐる、戦前から戦後にかけての日本の理論状況は当然だったといえます。近代化後進国の悲しさでした。

この①②③にとりくむため、東大図書館にもかよいましたが、私の主題に関連する英文図書の多くには「オックスフォード大学寄贈」という朱印がおしてありました。関東大震災の折、寄贈をうけていたのです。大学の国際性をあらためて痛感しました。また、前述のように、日本の社会理論はドイツ系が主流でしたから、時代モノのイギリス系古典本には私がはじめて開くのがあったため、一七世紀、一八世紀などのインクや紙、皮表紙の匂いからくる感動をえることもできました。これが学者体験なのでしょう。

個人自由の構造については、その後、《現代》における個人空間の政治構成をめぐって、一九五七年、日本政治学会での私の最初の報告「現代政治における自由の条件」（拙著『現代政治の条件』一九五九年、中央公論社）でまとめています。この考え方が、**図1-15**（本書一二五頁）にみる《分節民主政治》という今日の私の発想につながります。

〔C〕「市民社会」観念の原型

二〇〇〇年代の今日、ようやくひろく日本でも理解されてきた「市民社会」観念の研究蓄積についてみますと、日本の戦前では、経済学からのアプローチとして、大塚久雄、高島善哉さんなどの仕事があり、これが先進国イギリスのスミス 対 後進国ドイツのリストというかたちでの比較研究、あるいはファーガソンをへてスミスにいたるイギリス古典経済学の成立史、さらにはマルクス経済学への展開という思想系譜などの考察があります。戦後はいちはやく、これにロックをめぐる経済学からの研究がくわわります。あるいは若き社会学者の清水幾太郎さんが戦前、ドイツ一九世紀の後進国型発想について、その特性を論じた『市民社会』（一九五一年、創元文庫所収）もくわえるべきでしょう。もちろん、私はこれらの業績からまなんでいます。

だが、戦後の旧保守・旧革新系ともに、後進国型の国家観念絶対という考え方の強い当時、日本の政治学それに法学をふくめて、「市民社会」観念の設定はまだ弱い時代でした。市民社会の理解は、今日もつづいていますが、福沢諭吉にみられるような啓蒙理論レベルとしての理解、あるいはヘーゲルを祖型とした絶対国家に従属する後進国型の理解にとどまっていたのです。

またロック理論と直接、間接に関連のあるアメリカ革命、フランス革命の本格研究も、戦後のその頃はまだ始まったばかりでした。なお、最近の大森雄太郎『アメリカ革命とジョン・ロック』(二〇〇五年、慶応義塾大学出版会)は、これまで深められていなかったロックの影響をめぐる歴史研究となっています。

私は『市民政治理論の形成』で、ロックのシビル・ソサエティという用語法を古代からの世俗型政治社会という伝統理解から飛躍させて、自然状態・自然法・自然権という構造連関からくる、自由・平等な個人の原子論的・機械論的構成としての、自立した「公共社会」に意味転換させていきます。ここから、ロックが〈公共社会〉としての「市民社会」観念について、《近代》最初の理論原型をつくりだしたと位置づけました。その後、『ロック「市民政府論」を読む』(一九八七年、岩波書店)でも、今一度、整理します。

最近、都市型社会の展開にともなう地球規模での市民活動の活力をみて、日本をふくめて「市民社会」観念の「再生」がすすみます。だが、やはり、日本での基調は、いまだカント、ヘーゲルをへて、最近ではハーバーマスなど、後進国ドイツ型発想が強くみられます。ひろく一八世紀に啓蒙哲学者たちから「賢者ロック」といわれて、市民革命の理論構築を推進した、本来の西欧先進国型の「市民社会」観念は、残念ながら日本で今日もあまり理解されないままです(本書第2論考補論参照)。

今日の「市民社会」観念の再生については、市民活動の基盤となる後述の《都市型社会》の成立をふまえる必要があります。だが、当時のロックをはじめとする「市民社会」観念が成立する基本文脈としては、一九世紀初頭の産業革命以前の、前述した一七世紀〈初期資本主義〉による共同体・身分の崩壊のはじまりをみるべきです。

そこには、また、理論のレベルとして、(1)ロック直前のピュリタンあるいはホッブズの強烈な思考による、農村型社会の共同体・身分からの「個人」の理論析出、ついでこれに対応する⑵近代自然科学の「原子論的・機械論的」な理論構成、さらに⑶古代・中世の普遍宗教が成立させた人間の《相互性》という『マタイ伝』にみるような世界市民性をもつ黄金律（自分が欲するように他人にもなせ）からくる、「自然法」思想の近代型再構成という、この三重基調にとくに留意したいと思います。

市民政治理論の形成というロックの古典としての位置は、自由・平等の個人を主体に、「社会契約」というかたちで、《市民社会》観念の原型を構築し、この市民社会の「信託」によって〈組織・制御〉される「人工」政府の設定にあります。もし、この政府が市民社会の論理に反するときは、抵抗としての「革命権」の発動となる。これが、ホッブズの「近世」バロック型《国家》をこえた、ロックの《政府》の市民性、ついで「理論としての近代」の成立という位置となります。

このように政府の道具性・可謬性・可変性があきらかとなってはじめて、思想としての「市民社会」は国家に従属あるいは吸収されることなく、むしろ国家は市民の〈信託〉による「政府」にすぎなくなり、市民社会自体が公共ないし社会として自立しえたのです。こうして、市民社会が政治社会つまり公共社会として自立するとともに、政府をつくりかえのできる市民の道具とみなす、市民政治理論の古典的形成となります。なお、この論点の今日的意義については、拙著『転型期日本の政治と文化』第1論考「公共概念の転換と都市型社会」（二〇〇五年、岩波書店）でも再論しました。

明治国家というかたちで日本の《近代》を制度化してきたムラ＋官僚統治を基軸とする日本の思想文脈を透視するとき、一九九〇年前後に東西冷戦が終わるまで、日本での社会主義の理解も、私が一九五九年の『市民政治理論の形成』四一七頁以降でのべていた、《市民》から出発する先進国型の「市民社会」主義ではなく、後進国のドイツをはじめロシアあるいは中国などとおなじく、いつのまにか官僚統治としての〈国家〉から出発する「国家」（官僚）社会主義となっていたことを、あらためて確認すべきでしょう。しかも、二〇〇〇年代になってものこる日本の中進国型官治・集権政治としての「官僚内閣制」型政治構造は、後述するように、ようやく転機にたち、自治・分権をめざすその《市民政治》型再構築が急務となっています。

2　現代理論としての大衆社会論

以上の市民政治理論の《古典》的形成につづいて、その《現代》的転換を、私は次の研究課題としていきます。この〈転換〉問題が、一九五六年以降の「大衆社会論争」の基本論点となります。

論争のきっかけとなった「大衆国家の成立とその問題性」（『思想』一九五六年一一月号、拙著『現代政治の条件』一九五九年、中央公論社所収、『戦後政治の歴史と思想』一九九四年、ちくま学芸文庫に再録）は、この市民政治理論の《現代》的転換をめぐる助手時代の論文（一九五五年）の第二章序文を独立させたものです。二〇〇〇年代の今日も、現代政治の生理と病理をめぐる論点は、私なりにはこの論文でつきていると考えています。

この市民政治理論の《現代》的転換についての論文は、「集団観念の形成と市民政治理論の構造転換」(1)(2)として、『法学志林』（一九五六年三月、一九五七年一一月）にそのはじめの部分を発表します。だが、その後、私の怠惰と理論関心の変化のため、発表は中断したままとなります。特定視角からの要約としては「巨大社会における集団理論」（『日本政治学会年報』一九五七年版、拙著前掲『現代政治の条件』所収）があります。

[a] 政治理論の「近代」から「現代」へ

敗戦直後から一九五〇年代まで、マクロにみた日本の戦後思想状況の主軸は〈封建 対 近代〉という近代一段階論でした。このため、戦前についても、明治国家以降は「資本主義」段階とみなす考え方よりも、「封建」の再編としての「絶対主義」段階とみなす考え方が、戦前の天皇制のもとにおける生活実感にも見あったため、強かったのです。戦後しばらく、戦前からの反体制地下活動のため威信をもっていた日本共産党も近代一段階論で、まず反封建の「近代」民主革命をおこない、将来の社会主義革命を準備するという考え方でした。このため、戦後啓蒙型のいわゆる近代主義理論家たちと日本共産党は、さしあたり「反封建」の「民主革命」では、戦後一時、一致していたわけです。

だが、私はこの近代一段階論にたいして、近代・現代二段階論を提起し、《現代》という大衆社会への移行は遠い欧米の物語ではなく、この日本でも始まりつつあるという問題設定をおこないます（「日本における大衆社会論の意義」『中央公論』一九五七年八月号、拙著『現代政治の条件』一九五九年、中央公論社所収。また「社会科学の今日的状況」『思想』一九六〇年九月号、拙著『戦後政治の歴史と思想』一九九四年、ちくま学芸文庫所収。なお同書「著書解題」も参照ください）。

この《近代・現代》二段階論について、今日からみた座標軸をあきらかにしておきたいと思います。

一九九〇年前後、日本でポスト・モダンという言葉が、少数でしたが評論家たちの間で流行していました。だが、ポスト・モダンの中身を誰もイメージできず、その後この考え方は消滅していきます。この消滅は当然で、ポスト・モダンという考え方がそもそも無理だったのです。ヨーロッパの理論水準が、それ自体の問題点をかかえたまま日本にもちこまれて、いつもとおなじく、一時「流行」しただけといってよいでしょう。ヨーロッパでは、初期近代、後期近代という用語もありますが、モダンという一語しかないため、その歴史理論構成に無理がかかるのは当然です。さしあたり、日本には近世、近代、現代という、はっきりとした段階構成としての三つの言葉があることを想起していただきたいと思います。

いわゆるモダンの元祖とされるデカルトは、この三段階でいえばガリレオ、ホッブズらとともに「近代」以前の「近世」の思想家です。いわばヨーロッパ絶対国家形成期のバロック理論でした。理論における「近代」の成立を主導するのは、ロックを祖型とする一八世紀の啓蒙哲学です。この「近代」理論は、一九世紀には後述のように多様な曲折をへてゆきます。ついで「都市型社会」への移行を予感しながら二〇世紀の「現代」理論へと変質・転換するわけです。かつて流行した実存哲学も大衆社会ないし都市型社会における個人の孤立感覚をめぐるムード理論と位置づければ、「現代」理論としての位置がはっきりします。

私はこの《近代》から《現代》への社会・政治理論の転換に注目し、二〇世紀前半のイギリスにおける「多元政治理論」の成立に焦点をあて、英仏独米についての比較研究を視野にいれながら、「市民政治理論の現代的転換」というかたちで、大学助手時代にとりくんでいきます。二〇〇〇年代にはいって《市民政治》段階にうつりつつある日本の今日については、さしあたりこの「現代」政治理論の成熟への移行期と考えます。

以上の理論展望の基本構図については、二一頁の**図1-1**を参照ください。政治学の近世、近代、現代について、その展開を主導したイギリスについてみますと、つぎのようなマクロの歴史段階を設定できるでしょう。

［近世］近代化Ⅰ型段階＝絶対国家　〈バロック理論〉　ホッブズ
［近代］近代化Ⅱ型段階＝名望家（階級）社会〈啓蒙・一九世紀理論〉ロック｛バーク、バジョット、ダイシー（保守系）／ベンサム、ミル、ホッブハウス（改革系）
［現代］近代化Ⅲ型段階＝大衆政治　〈巨大社会理論〉　ウォーラス、ラスキ以降　⇩《市民政治》段階

ただ、一九世紀には啓蒙哲学でいう「個人」の階級性があきらかになって〈社会主義理論〉が登場するとともに、「国家」も各国で歴史特性をもつという〈歴史主義理論〉も構築されます。

つづいて、近代から現代への移行過程となるヨーロッパ二〇世紀では、普通平等選挙権をふまえて、階級は社会分業にともなう多様な運動主体としてあらわれるため、「集団」というかたちでの理論となります。ここから、バーカーがいう「集団の噴出」を転回点に、政治理論の基調は近世バロックのホッブズが尖鋭に予示した「近代」の座標軸たる「個人対国家」の〈政治緊張〉から、《現代》の座標軸たる「個人対集団」の〈政治過程〉に移行します。近代政治理論から現代政治理論への構造転換をめぐって、当時、私が焦点をあてた〈集団〉観念の位置が、ここにあります。

そのとき、「近代」の〈個人対国家〉も変質して、個人↓「大衆」対 国家↓「官僚組織」という、《現代》特有の新しい問題状況が「現代」理論として構築されていきます。いわば二〇世紀の問題性である、この「大衆」対「官僚組織」に両極化する〈個人対国家〉の間に、カテゴリーとして前述の〈集団〉つまり中間〈媒介〉観念をいかに設定するかが問われるのです。さらには、国家観念自体も批判されて、政治理論は集団過程をめぐる「現代」的構成となっていきます。

図1－1　歴史構造の理論展望

伝統段階	近代化過渡段階			《市民政治》段階	
	Ⅰ型	Ⅱ型	Ⅲ型		
支配の継続（原基政策）	政府の構築（絶対国家）	国富の拡大（経済国家）	生活権保障（福祉国家）	政治スタイルの転換	世界共通課題
貢納・徴税政策 ＋ 治安・軍事政策	国内統一政策	経済成長政策	福祉政策 都市政策 環境政策	分権化 国際化 文化化	国際人権　南北調整　環境保全 ＋ 核危機　侵略　テロ
伝統政治理論	一元・統一型理論構成（国家主権）	二元・対立型理論構成（階級闘争）	多元・重層型理論構成（大衆政治）	分節政治理論	

歴史的展開　　　　　　　　　　　　　　　　現代的累積 →

← 　　　　　　　　　　　　　　　　　　　　現代的再編

図1－2　国家による政治・経済・社会の再編

近代化Ⅰ型　政治の再編（初　期　産業革命）共同体・身分 → 絶対国家の一元・統一権力造出
近代化Ⅱ型　経済の再編（第一次産業革命）農業主導　　 → 工業主導の国民経済
近代化Ⅲ型　社会の再編（第二次産業革命）共同体扶助　 → シビル・ミニマムの公共整備

この集団観念をその後、私は図1―8（本書六五頁）のように、市民活動、団体・企業に整理するとともに、自治体は国、国際機構とならぶ政府と位置づけます。

なお、〈個人対国家〉の対立に伏線をもつ一九世紀ヨーロッパ近代をいろどる思想のドラマ、つまり対立項をなす個人主義・国家主義、自由主義・国民主義、社会機械体主義・国家有機体主義、進歩主義・歴史主義などは、イギリスでは前述のベンサム対バーク以降の理論対立、あるいはマクロには国民大に拡大されてイギリス（＝市民社会）対ドイツ（＝官僚国家）の思想対立（フランスは国民主権による官僚国家という矛盾をもつその中間）にみられるように、この《近代》理論では、〈個人対国家〉という基本図式をめぐって、一九世紀ヨーロッパでは国別に特性をもつ理論の変奏がみられたことに留意しておきたいと思います。

図1－1ついで図1－2にみる近代化ⅠⅡⅢ型の各段階では、それぞれ異なった意義をもつヨーロッパ先進国群による地球規模での植民地侵攻もありますが、Ⅱ型段階の一九世紀ヨーロッパ社会主義は「近代」理論の〈個人対国家〉という基本図式の枠内で、Ⅱ型段階が生みだす「階級闘争」を解決しようとしていたのでした。

そのとき、〈個人対国家〉の基本図式のなかで、西欧の個人主導のSocietism、国家に力点をおく中・東欧の官僚主導のStatism、フランスは前述のような双方をふくむ緊張というかたちをとります。一九世紀ヨーロッパでは、このように政治思想の「国民特性」のみならず、ついで「階級対立」をめぐる社会主義の二つの系譜もはっきり分化していきます。

すでにのべましたが、一九世紀ドイツにはじまり、二〇世紀のソ連ないしコミンテルンをへてアジアにも移転し、日本、中国をふくめて、後発国での社会主義理論は、Statism系譜にたつ「国家（官僚）」社会主義に変質していきます。日本でみれば、若き北一輝はすでにその典型をなします。この後発国の「国家」社会主義＝Statismは、また一九世紀西欧先進国の「市民社会」主義＝Societismの系譜をもつ二〇世紀西欧の「社会」民主主義とは異質だったことが、ようやくソ連が崩壊したのちに、はじめて地球規模での共通理解となります。

敗戦後、一九五〇年代の日本では、戦争による国富の崩壊からきた貧困とあいまって、近代化Ⅱ型段階の階級闘争という発想が実感をもち、当時の旧保守・旧革新両系ともに尖鋭でした。「冷戦」を背景にもちながら、共産党、社会党は「革命」、自民党でも「治安」というかたちで、「階級闘争」はいずれもその基本発想だったのです。いまだⅡ型段階にある一九五〇年代では、近代化Ⅲ型段階としての大衆社会における「大衆政治」という問題状況は、日本で未熟かつ未知でした。

一九五〇年代は、私自身についていえば、(1)大衆社会への移行への予感をもち、ついでロックにはじまる(2)市民政治理論の普遍伝統をふまえ、「自由」あるいは「民主政治」といった社会理論ないし政治学の基本概念について、その《現代》型再編をめざす模索をはじめる時代でした。拙著『現代政治の条件』（一九五九年、中央公論社）所収の前掲「現代政治における自由の条件」、また「民主主義の歴史的形成」（いずれも一九五七年発表）がこれです。一九六〇年代にはいりますと、この(1)(2)の論点をめぐって、日本における「市民」の《現代》型設定を提起し、後述の「都市型社会」へとつらなる新しい展望をもつことになります。

この大衆社会ないし大衆政治への移行がはじまる当時の日本の問題状況、とくに近代化Ⅱ型からⅢ型状況への政治転換については、拙著『戦後政党の発想と文脈』（二〇〇四年、東京大学出版会）にまとめています。当時の日本の政治状況の理解や研究には、今日の若い方々はあまりにも「当世風」なので、当時に即して理解すべきだということを改めて指摘するため、長文の序章をつけくわえています。

もちろん、大衆社会論自体は、戦後、社会学者や政治学者によって欧米から導入されはじめています。ことに社会学ではマスコミ研究、政治学ではファシズム分析との関連で現実課題ともむすびついていました。事実、一九五四年、日本最初の『政治学事典』でも、大衆社会関連の項目が升味準之輔さんらによって執筆され、また一九五三年の日本政治学会年報『戦後日本の政治過程』（岩波書店）での日本分析にもとりいれられています。

だが、私の大衆社会論が注目された理由は、［Ⅰ］「労働者階級の形態変化」、ないし「社会主義の二〇世紀転換」をとりあげるとともに、［Ⅱ］当時の米ソ冷戦をめぐる資本主義・社会主義の体制対立とは別次元で、〈工業化・民主化〉という文明軸を設定したことにあったと考えます。

なお、一九五〇年代をふくめて、私の「社会主義」という言葉の用法は、ロシア革命以降のいわゆる「社会主義体制」という当時の日本での用法と異なって、すでにのべた「市民社会」主義という意味での文脈によっています。前述しましたように、一九五九年、私の最初の著作『市民政治理論の形成』の最後にあたる四一七頁以降にのべていますが、マルクスをふくめた、しかもロック以来の「市民社会」の文脈が、私の社会主義についての発想の基本枠組でした。

西欧一九世紀では、Socialism の正統は Statism に対立する Societism だったのです。ここから、後述するように、一九六〇年前後には、私は「市民社会」主義つまり「一般民主主義」をかかげる、当時の〈構造改革派〉でした。この構造改革派はいまだ農村型社会状況にあった日本の〈近代化〉をめざしていたため、都市型社会の成立を背景にもつ二〇〇〇年前後の「構造改革」とは用法がちがっています（後述）。

つぎの論点にうつります。近代化Ⅱ型段階の「階級闘争」をめぐるヨーロッパ一九世紀「社会主義」についての、「貧困」「弾圧」をめぐる古典的問題設定は、近代化Ⅲ型の二〇世紀「大衆社会」状況の成立とあいまって、画期的に変容しはじめます。一九五〇年代後半から、私は《大衆化》という「階級」の「存在形態」ないし「生活様式」の変化についての問題提起をテコとして、前掲拙著『現代政治の条件』（一九五九年）所収の「マルクス主義理論の二〇世紀的転換」（一九五七年）、「社会民主主義の危機」（一九五八年）などで、この変容のはじまりを、二〇世紀前半ヨーロッパの歴史現実として整理します。

二〇世紀前半におきたヨーロッパ社会主義の「変容」、ついでその「分裂」（レーニン）を、近代化Ⅲ型段階つまり《現代》としての二〇世紀大衆社会状況の成立をめぐる、一九世紀社会主義の〈変質〉と位置づけたのでした。そのとき、大衆社会におけるマス・デモクラシーとマス・ナショナリズム（このマス・ナショナリズムは、たしか私の造語でした）をめぐって、現代「全体政治」も説明できることになります。事実、ファシズム、ナチズムも社会主義理論を背景にもち、大衆社会における「現代」政治運動として登場したのです。

《現代》つまり近代化Ⅲ型段階を特徴づける二〇世紀欧米の「大衆社会」については、私は経済構造・社会形態・政治過程の三層構造における《社会形態》というかたちで理論設定いたしました。この大衆社会については、私はその後一時、「工業社会」という言葉を用いましたが、一九七〇年代にはあらためて「都市型社会」とおきなおします。

なぜかといいますと、「大衆社会」という言葉では、大衆は政治的に「受動的か能動的」かという、現代のマス・デモクラシーをめぐる手垢にまみれたムダな議論にまきこまれてしまいますので、「現代」の《社会形態》についての文明史的歴史位相を明示でき、さらに《市民》の成熟条件の全般化をもくみこみうる「都市型社会」という言葉におきなおしました。なお、都市型社会への移行のはじまりは、農業人口が三〇%をきった時点、その成立は一〇%をきる時点、と私は考えます（くわしくは、拙著『現代政治の基礎理論』第2章「都市型社会の政治発想」、一九九五年、東京大学出版会、また『都市型社会の自治』一九八七年、日本評論社参照）。

〈現代〉の市民は、まだ農村型社会にある〈近代〉の名望家（階級）、つまりかつてのヨーロッパ一七世紀から一九世紀にかけての「市民」つまりブルジョア（資本家・地主）とは異なります。この〈現代〉の《都市型社会》は、基体からみますと、工業化・民主化を基軸としたマス・デモクラシーのなかから生まれる、人口のプロレタリア化ないしサラリーマン化した新しいタイプの「市民」からなるという意味でこそ、〈現代〉としての特殊性をもつ《市民》となります。

大衆社会・大衆政治の成立が、今日の市民社会・市民政治の成立条件です。日本の今日の市民社会論は、いまだこの〈現代〉としての問題性をもつ《都市型社会》という基本論点を軽視しているため、「市民社会」についての多くの理論設定は、いまだに、かつてロックが原型をつくった啓蒙思想型への回帰、あるいはその裏返しとしての国家に止揚されるべき非公共社会というドイツ型の発想までの後退すらみられるようです。

以上のような背景をもつ近代政治理論から現代政治理論への転換を、

Ⅰ　マス・デモクラシーとビューロクラシーの緊張による現代政治の構造危機の登場（全体政治状況の形成）

Ⅱ　集団観念のカテゴリーの成立による個人対国家から個人対集団への理論構成の転換（政治過程論の成立）

というかたちで、当時私は整理していきます。

残念ながら、後発国の日本では、思想・理論の左右両派をふくめて、戦後も、戦前から周知の、〈近代〉図式である「国家対個人」あるいは「近代の超克」どまりで、ここにみている《現代》という問題意識が二〇〇〇年代の今日も充分には成立していないといえます。日本の思想・理論の辺境性がここにあります。だが、地球規模でみますと、二〇世紀への移行前後、すでに、都市型社会の予兆をみはじめていたヨーロッパついでアメリカの主導で、この「近代」理論から「現代」理論への転換がおしすすめられていきました。その理論先駆者は、たとえば次のようです。

［イギリス］　ウォーラス　ラスキ
［フランス］　デュルケム　デュギー
［ドイツ］　ウェーバー　ヤスパース
［アメリカ］　ジェームズ　リップマン

また、各国を遍歴したオストロゴルスキー、マンハイムなども当然ここにくわえます。そこには、「現代」政治理論のみならず、ひろく「現代」社会理論をかたちづくった巨人たちがならんでいます。

二〇世紀における「社会形態」の転型自体を最初に定式化して理論構築したのは、イギリスのウォーラスでした。一九一四年、「巨大社会」（great society）というカテゴリーをつくっています。このウォーラスの弟子がラスキやリップマンなどでした。この「巨大社会」を「大衆社会」におきなおしたのが、まだドイツにいたマンハイムだったことを、ここで特記しておきたいと思います（前掲拙稿「大衆国家の形成とその問題性」参照）。

当時、私がとりくみました政治多元理論は、ラスキ自身その『政治学大綱』（一九二五年）序文にのべたように、たしかにこのウォーラスの「巨大社会」、つまりその後の「大衆社会」という観念の成立を背景としているのですが、そこにでてくる多元性をもつ集団の設定にはアソシエイションという言葉をつかっていたことに注目したいと思います。当時のイギリスにおけるラスキやコールなど政治多元論者が「国家対個人」の中間においたアソシエイションという言葉は実証概念ではなく、association の文字どおり、個人の自由な結合というソサエティつまり市民社会の文脈がふくまれる規範概念でした。このため、そこでは、市民活動、団体・企業、それに自治体も、いわばマゼコゼに、アソシエイションでくくられてしまうという難点をもっていました。その後、私が自治体理論にとりくむにあたって、この混在をいかに整理・解決するかにエネルギーをそそぐことになります。

その解決には、前述した自治体の〈政府〉としての設定がテコとなります。後述（図1-8・本書六六頁）のように、Ⅰ市民活動、Ⅱ団体・企業の区別、さらに政府の三分化によるⅢ自治体、Ⅳ国、Ⅴ国際機構の、五層論としての整理がこれです。今日では、この五層論は常識となっていますが、私なりの苦労があったわけです。

第二次大戦後は、今度は逆に、影響力が強くなったアメリカの実証方法にわざわいされてか、フランスのジュヴネル、イギリスのクリック、ドイツのダーレンドルフ、あるいはアメリカでもリースマン、ミルズなどのような《現代》理論についての、新しい豊かなマクロの視座と枠組が忘れられがちです。一九六九年、イーストン会長がアメリカ政治学会で自己批判したような、素朴ないわば「科学主義」によって、政治を私のいう「流動現象」つまり「過程論」としてのみとらえるため、指数化も必要とはいえ、ミクロ図式による脆弱な実証・検証という些末主義に、各国とも政治研究はおちいってしまったようです。

このため、最近では、ヨーロッパ、アメリカでも、マクロの理論枠組の水準はおちています。私は大学院生によくいっていたのですが、読むにたる大きな理論枠組は、政治学をはじめ経済学、社会学でも、三〇年単位でいくつかがでるにすぎない、と考えてよいでしょう。

日本の政治学の問題点と可能性については、私は一九九六年の日本政治学会報告「政治学では何が問題なのか」（拙著『政治・行政の考え方』第6章、一九九八年、岩波新書）で、後述の政策・制度型思考の自立を基軸にのべております。ことに、「官僚内閣制」（くわしくは同上岩波新書第2章）ともいうべき日本では、行政機構ついで官邸・内閣官房の構造をブラック・ボックスとするような政治理論は役立ちません。

[b]「市民政治」は「大衆政治」から

近代化＝工業化・民主化は、**図1－1**（本書二一頁）でみたような歴史・理論連関で展開します。この近代化を主導したヨーロッパにおける近世、近代、現代に対応して、今一度整理すれば、

［近世］近代化Ⅰ型段階←初期産業革命　国家形成　一元・統一の「国家主権」
［近代］近代化Ⅱ型段階←第一次産業革命　経済成長　二元・対立の「階級闘争」
［現代］近代化Ⅲ型段階←第二次産業革命　国富配分　多元・重層の「大衆政治」⇩《市民政治》段階

という、歴史段階を理論模型として構成できます。この三段階は、ひろく欧米、日本をふくめ、また今後アジア、アフリカなどでも想定できる理論模型と、私は考えています。

この私の考え方は、もちろん、決してアジア、アフリカなどの今日的問題性への軽視ではありません。それどころか、ここで、中国、インドをはじめ後発国の今日における近代化問題、つまり工業化・民主化を想起してください。そこにも、Ⅰ型・Ⅱ型・Ⅲ型課題が後発国なるがゆえに重なりあいながら、多くの場合「開発独裁」というかたちでとりくまれています。さらに、後にのべるように、地域個性文化、国民文化、世界共通文化の緊張こそが、今後は地球規模で問われていきます。

なお、この近代化＝工業化・民主化という基本軸ないし文明軸については、すでに市民政治理論の形成をめぐって指摘しておきましたが（本書八頁）、ついで一九五九年の『現代政治の条件』（中央公論社）にまとめた一九五〇年代の諸論考、とくに第二章「史的唯物論と大衆社会」でほぼ設定しおえています。この点については、同書初版解題二九六頁でものべました。当時、情報鎖国だったソ連圏については判断停止としていましたが、一九五六年、フルシチョフ・ソ連共産党第一書記の〈スターリン批判〉があり、官僚型社会主義計画の後進性があきらかになっていく一九六〇年前後には、「ソ連の終り」を想定しながら、一九六五年の『戦後民主主義の展望』（日本評論社）以降、あらためて工業化・民主化というかたちで基本軸を明示することになります。

いずれも学生時代からなじんでいたという意味で、私にとって、工業化はマルクス（→プロレタリア化）、ウェーバー（→官僚組織化）、民主化はマンハイム（→平準化）、ラスキ（→集団化）からの問題継承がおおきいと思っています。

この基本軸については、拙著『現代政治学』（一九六八年、東京大学出版会、一〇頁以降）『都市型社会の自治』（一九八七年、日本評論社、一八頁以降）でも整理しています。また、一九六九年、『現代政治の条件』（増補版、中央公論社、三一八頁以降）の後記で、工業化・民主化の基本軸を設定した経過ものべています。

旧ソ連や中国をふくむ、いわゆる後発国における二〇世紀の「開発独裁」は、工業化が未熟なため、いまだ政策資源が過少にもかかわらず、民主化の圧力によって近代化Ⅰ・Ⅱ・Ⅲ型政策を同時に実現しようとする過重負担からおきます。日本も二〇〇〇年代の今日もまだ《市民政治》段階への発想は成熟しておりません。明治以降、富国（Ⅱ型）強兵（Ⅰ型）を同時遂行しようとし、戦後は福祉・都市・環境問題（Ⅲ型）がつけくわわるため、今日からかえりみれば「官僚社会主義」と批判されるほどの官治・集権型で、しかも、劣化して無能となるまでに官僚組織を外郭組織をふくめて肥大させ、日本を二〇〇〇年前後からの財政破綻においこんでしまいます。

政治の近代（Ⅱ型）から現代（Ⅲ型）への転換では、名望家政治＝階級闘争段階から、マス・デモクラシー＝大衆政治段階への移行が基本の変化です。近代化Ⅱ型段階の経済成長をめぐって原資の蓄積が不可欠となるため、数千年つづく農村型社会の生活様式を破壊しながら、いわゆる「階級闘争」が激化します。この「階級闘争」が、工業化をめぐってマルサス、リカード、ミル、さらにブランキ、プルードン、あるいはシュタイン、マルクス、カウツキー、またのちにレーニンなどがえがきだした、ヨーロッパ一九世紀の問題性です。

この階級対立は、二〇世紀後半には先進国からの援助という国際規模の富の再配分がはじまったものの、今日も基本となる国家創出に不可欠な原資の蓄積が必要な後発国、とくに工業化・民主化が加速する中進国段階では、かつての欧米や日本がそうだったように激化します。

だが、先発国では、二〇世紀にはいりますと、近代化Ⅲ型段階の「大衆政治」をへて、二〇世紀後半以降の今日では《市民政治》段階に移行しはじめます。「貧困」で「無知」といわれた労働者や農民などの「階級」は、二〇世紀前半からマス・デモクラシーのかたちで、選挙権・社会保障、義務教育・国民文化、あるいは大量消費・大量交通、余暇・教養をもつようになり、〈生活様式〉の《平準化》がすすんで「形態変化」するとともに、〈社会形態〉は大衆社会となり、大衆政治をうみだします。

二〇〇〇年代にはいって、日本では新たに「生活格差」の拡大が、一九七〇、八〇年代の「中間層拡大」という「社会幻想」の崩壊というかたちで論じられています。だが、この新しい格差問題は、今日の都市型社会＝大衆社会における生活様式の《平準化》の進行のなかでの、家計ついで地域の格差拡大です。それゆえ、農村型社会の「身分構成」、ついで工業化過程での「階級対立」、さらにはこの工業化過程での近代セクターと伝統セクターとのいわゆる「二重構造」の激化とも、異なっていることに注目すべきでしょう。

二〇〇〇年代の日本での格差問題は、マクロには、都市型社会での《平準化》のなかでおきる、(1)社会変化・国際競争のスピードへの対応能力のズレ、(2)すでに世界一といわれる高齢層の比重増大、(3)官治・集権による富・情報の東京一極集中からくる地域偏差の拡大、さらには(4)政治家・省庁の解決先オクリによる社会保障制度あるいは税制の再設計のたちおくれ、などからきていることに留意したいと思います。

とすれば、この格差へのとりくみとしては、安全ネットとしてのシビル・ミニマムの公共整備の再確認、さらには自治・分権にむけての東京一極集中の打破という、〈日本再構築〉とならざるをえません。だが、すでに、

図１－３　政府・法・経済・文化の重層化

国際機構	世界政策基準（グローバル・ミニマム）	→ 国際法	国連憲章	世界経済	世界共通文化
国	国の政策基準（ナショナル・ミニマム）	→ 国法	憲法	国民経済	国民文化
自治体	自治体政策基準（シビル・ミニマム）	→ 自治体法	自治体基本条例	地域経済	地域個性文化

バラマキによる国、自治体の超絶した借金とあいまって、二〇年、時期を失しています。

そのうえ、日本でも、二〇〇〇年代になってようやく「劇場政治」などという言葉が日本の大衆政治をめぐってつかわれはじめます。一九五六年、「大衆国家の成立とその問題性」で、私は第一次大戦前イギリスでのロイド・ジョージをモデルに、この「劇場政治」について理論図式をまとめています。この日本の二〇〇〇年代のマス・デモクラシー状況については、拙著『転型期日本の政治と文化』（二〇〇五年、岩波書店）で、あらためて「同調デモクラシーの幻惑化」と位置づけます。

二〇世紀後半、マス・デモクラシーの先進国から、地域規模、国規模、地球規模での市民活動が登場して、新しく前述の《市民政治》段階にはいりはじめます。二〇世紀前半の近代化Ⅲ型の大衆政治段階では、国家観念も「大衆国家」、「福祉国家」、あるいは「全体国家」というかたちに変容しましたが、この《市民政治》段階にうつれば、「劇場政治」に拮抗する「分節政治」となり、「国家観念」自体が崩壊します。

《市民政治》段階とは、工業化がさらにすすんで農業生産力もたかくなるため農業人口が一〇％をきって数％となり、また第三次産業革命としての大型ジェット機やＩＴなどテクノロジーの飛躍的発達もあって、現代の都市型社会が「成熟」する二〇〇〇年前後、先進国からはじまります。市民活動あるいは団体・企業の展開が〈多元化〉するとともに、地域規模、国規模、地球規模に〈重層化〉する段階です。その結果、今度は前述したⅠ・Ⅱ・Ⅲ型という近代化政策の推力ないし過渡媒体であった国家自体の構造転換がおこり、政府も自治体・国・国際機構の三レベルへと分化して、ここでも〈重層化〉します。この多元・重層政治が、のちに詳論する《分節政治》への展望となります。

この「国家観念」をこえる市民活動ついで団体・企業の地域規模・地球規模への深化・拡大にともなって、さらには「世界共通文化」の形成を背景に、「世界共通課題」の成立をみるとともに、各国際専門機構による、「世界政策基準」の策定による解決がめざされます。そこでは、麻薬、偽札をふくむ犯罪あるいは感染症などの国際化、また世界同時多発テロまでもが生みだされ、かつて私が「都市型社会と防衛論争」（『中央公論』一九八一年九月号、拙著『都市型社会と防衛論争』二〇〇二年、公人の友社所収）でのべたように、先進国間では「国家間戦争」という考え方を終わりとしていきます。

このため、各国際専門機構による、グローバル・ミニマムとしての世界政策基準づくりが国際立法というかたちでたえず要請されます。この国際機構がつくる世界政策基準の実効性は、もちろん、自治体、国各レベルの政府とむすびついてはじめて生まれます。

こうして、二〇〇〇年前後では、前頁図1―3にみるような政府、法、経済、文化の重層緊張のなかで、私たちはたえず考えていくことが必要となります。

〔c〕 社会形態としての都市型社会

経済の工業化にともない、近代にはいって、古代にはじまる経世済民をめざした政治学から、新たに経済学が自立していきます。二〇世紀には、こんどは社会分業の深化、組織技術の発達によって、《社会形態論》としての社会学の成立が不可避となります。

一七世紀におけるロック以降の市民社会観念の成立、ついでファーガソンの市民社会史研究をふまえながら、一九世紀には社会の段階発展を論ずるコント、スペンサーなど、あるいは社会変動の実証をめざすデュルケムなども登場しますが、とくに二〇世紀ドイツのジンメルが主導する「形式社会学」というかたちで社会学が純化され、自立していきます。その後、社会学は専門分化あるいは抽象総合する社会形態論として、多様に展開します。この社会学はウェーバーにみられるように、二〇世紀の理論におおきな特性をあたえます。

とすれば、現代の社会理論としては、

政治過程――（古代からの）政治学
社会形態――（現代からの）社会学
経済構造――（近代からの）経済学

という各問題領域を重畳させて思考することも不可欠となってきました。「大衆社会論争」の過程で、私は《社会形態》という問題領域を提起し、二〇世紀に成立する現代社会学を方法論的に位置づけました。このため、当時、大衆社会についての私の論考は、社会学者からも種々コメントされました。

この社会形態論の設定は、《工業化・民主化→近代化》がもたらすのですが、定住農業の成立とともに五〇〇〇年以上つづく農村型社会から都市型社会への文明史的転換というかたちで、ひろく「現代文明論」につながっています。この《現代文明》軸である工業化・民主化をめぐっては、マルクス、その理論系譜にあるウェーバーのマクロの問題設定の影響はもちろん、私はとくに、

ウォーラス『巨大社会』（一九一四年）
ラスキ『政治学大綱』（一九二五年）
ヤスパース『現代の哲学的省察』（一九三一年）
マンハイム『変革期における人間と社会』（一九三五年）
フリードリッヒ『立憲主義と民主政治』（一九四一年）
ジュヴネル『権力』（一九四五年）
マンフォード『歴史の都市、明日の都市』（一九六一年）

などによる複数の視角から学んでいます。これにマス・デモクラシーという「現代」の文明状況の予見者としては、トックヴィルとミル、また「現代」の社会組織理論の先駆者として、相互に緊張する管理型と連合型というかたちで方向は異なりますが、おなじく「現代」性をもつサン・シモンとプルードンも、私はたえず想起しています。

以上のいずれも、今日では《現代》についての社会理論の古典と位置づけるべきでしょう。これらの現代古典は、農村型社会から都市型社会への《大転換》の予示ないし産物だったのです。その後は、ベストセラーはあっても、文明論的展望を変えるような古典性をもつ業績はないようです。

もちろん、アリストテレスが古代地中海圏の都市政治を背景に書いた『政治学』は、マキャヴェリの『ローマ史論』とともに、愚民政治としての民主政治を論じているという意味をふくめて、現代政治にとっても古典という位置をもちます。

なお、旧型の国家論の非生産性ないし崩壊についてはのちにのべますが、二〇世紀前半、いわば最後の国家論として秀逸だったヘラーの『国家学』、シュミットの『憲法論』には、留意しておく必要があります。

また、一九六〇年代を中心とした日本の経済高成長つまり工業化・民主化の急進にともなう、日本列島はじまって以来の「都市化」、つまり日本では二〇〇〇年つづく農村型社会から都市型社会への文明史的大転換にむけての巨大な社会変動の分析については、戦前からの研究方法では不可能でした。

そうしたなかで私は、「大衆天皇制論」（『中央公論』一九五九年四月号）がその典型ですが、《現代》をめぐる大衆社会の成立という視座と方法から、当時、日本については、〈ムラ状況・マス状況〉という中進国型の二重構造を設定して、選挙、政党、天皇制、あるいは世代感覚、大衆娯楽、マスコミ、女性運動（当時の用語では「婦人問題」）など、それに労働・農業問題、また防衛問題もふくめた論考を、一九六〇年代を中心に、読みやすい文体で発表していきます。

『現代日本の政治的構成』（一九六二年、東京大学出版会）、『戦後民主主義の展望』（一九六五年、日本評論社）、『昭和後期の争点と政治』（一九八八年、木鐸社）などに収めた論考がこれです。中進国型の工業化・民主化の急進がひきおこす、当時の日本における「社会変動」をご理解いただけると思います。

また、当時のマス・デモクラシーへの出発、つまり日本の近代化Ⅱ型段階からⅢ型段階への移行にともなう政治ないし政党の変容については、二〇〇四年、新しく序章をつけて、一九六〇年前後の旧稿を編集した拙著『戦後政党の発想と文脈』（東京大学出版会）を参照ください。

今日では常識となった、ここでみたような視座ないし方法も当時は新鮮だったようです。これらの論考はそれぞれが時代の証言となっています。これらにでている大衆社会状況ないし都市型生活様式の成立をめぐる多様な論点をふまえて、私はやがて現代都市政策についての理論化にとりくむとともに、「都市型社会」という基本概念をつくっていきます。

だが、この都市型社会の《市民》は、まず地域での「生活者」、ついで社会分業から専門をもつ「職業人」〔企業人、公務員、農民、自営業主、弁護士、医師、教員、芸術家などなど〕、また労働権の保障とともに所得をもつ「労働者」という、相対立する「三面性」からくるたえざる緊張のなかから、つねに《市民性》の熟度が、後述する良心・世論・法制との関連で問われます。のみならず、「国民文化」だけへの埋没ではなく、「地域個性文化」、「世界共通文化」という三文化形態の選択・複合の緊張のなかでも生きることになります。

都市型社会では、このため、農村型社会のムラ共同体、過渡期の国家崇拝の段階と異なって、個人自立つまり「自由・平等」観念を軸として、かえって帰属感の喪失を促します。社会組織技術の変化が速く、しかもマスコミが欲求水準をたかめることとあいまって、〈自立〉〈孤独〉という相反する個人の心理危機を強め、家庭をはじめ生活の日常をモロクするとともに、その崩壊をたえず促します。

だからこそ、マスコミによる、ミンナオナジという「擬似共同体」の造出からくる同調デモクラシーへの惑溺がかたちづくられることになる。としますと、私がくりかえしのべている《分節型市民政治》の造出が、生活の活力、安らぎ、その土台となる美しい地域景観づくりをふくめ、不可欠となります。しかも、そこでは、市民文化による〈成熟と洗練〉があらためて市民個人に問われることになることを強調しておきます。《市民》という人間型の形成は以上の緊迫のなかでの基本要請です。

3　都市・自治体理論の創出

一九〇〇年前後から、都市政治の改革をめざして、イギリスのフェビアニズムやアメリカでのプログレッシヴィズムなどが新しく登場するのですが、これらは農村型社会から都市型社会への移行の予兆となっていました。日本はおくれて一九六〇年前後まで社会自体がまだ農村型社会だったため、「都市」ないし「自治体」をめぐる理論は都市型社会に対応するようなかたちでは構築されておりません。農業人口が三〇％をきって都市型社会への移行がはじまる一九六〇年代でも、明治国家の官治・集権型理論枠組がつづいて、自治体は「国家」からの派生とみなされており、理論としてすらも自治体独自の位置・課題は設定されていなかったのです。

私は一九五八年ごろから、労働組合の動員を基幹とする〈警職法・安保〉の「国民運動」、ついでその中軸にある、企業組合としての日本型労働組合の問題点を露呈した〈三池〉炭労運動の構造分析をすすめ（「労働組合の日本型政治活動」日本政治学会一九五九年度報告。『日本政治学会年報』一九六〇年版、岩波書店。拙著『昭和後期の争点と政治』一九八八年、木鐸社所収）、職域の〈労働組合〉を革命主体と想定する当時の「革新」理論との対決・再編が不可欠と考えはじめていました（本書・著述目録の一九六〇年前後を参照ください）。

ここから、「戦後民主主義」再編の土台を、いまだムラ状況の強い《地域》に設定し、一九六〇年、「自治体改革」ついで「地域民主主義」という言葉を造語して、当時は日本で未開だった地域・自治体理論、さらにその政策・制度改革の模索をはじめます。これが私による「自治体の発見」といわれる論点です。

「地域民主主義の課題と展望」(『思想』一九六一年五月号)は、私にとって自治体改革をめぐる理論構成への転機となります。三〇歳になったばかりで書いており、また私自身手探り状態でもあったため、もちろん未熟で、この未開領域についての私の考え方の過渡状況を反映しています。戦前からの学術雑誌『思想』が地域・自治体問題を特集したのは、戦後この号が最初で最後という事態は、日本の旧来のアカデミズムの、予測能力を欠いた非生産性あるいは閉鎖性を示しているのではありませんか。

この一九六〇年前後からですが、中央公論社の向かい側にあった都政調査会での小森武、鳴海正泰、菅原良長さんなど、のちにくわわる須田春海、神原勝さんらとの議論がなつかしく思いだされます。この都政調査会は出発したばかりだった市民活動の東京センターに一時なっていました。木造二階にあり、いつ床がぬけるか心配なほど、人の出入りのはげしいところでした。

この都政調査会と私が関係していた一〇人くらいの「杉並の会」とでおこなった一九六〇年一〇月刊の『大都市における地域政治の構造』(杉並区調査)(都政調査会)は、当時農村調査が流行していたなかで、市民活動家と専門家による最初の連携調査として、大都市の地域政治を分析しています。杉並区は、戦前派アナーキスト知識人の新居格を区長にだしたり(これが当時の区長公選廃止の口実となる)、「原水禁」運動の発祥地で、当時の言葉をつかえば、東京でもっとも「民主的」「進歩的」「革新的」とみられていました。

だが、この調査は、大都市における地域底辺の町内会さらに基礎自治体も、いまだ農村型社会にある日本全域のムラ政治と異ならない実態をあきらかにし、「戦後民主主義」の《表層性》を提起したという意味で、画期性をもちます。このため、あらためて「地域民主主義」という言葉を、鳴海正泰さんとそのとき造語します。この『大都市における地域政治の構造』は、一時、古書店で高価になりましたが、もうほとんど手に入らないでしょう。

なお、その後の革新自治体による「市民参加による市民福祉」、保守自治体による「中央直結による産業開発」といったスローガン対立をはじめ、当時の理論状況の推移を丹念にあとづけた鳴海正泰著『地方分権の思想──自治体改革の軌跡と展望』（一九九四年、学陽書房）は必読です。

杉並区調査にでているような、戦後もつづく大都市の地域政治、ことに町内会のムラ型の実態をみれば、国も一九六〇年代、アメリカじこみのハイカラな「コミュニティ」という地域再編構想を安易にださなかったと思います。事実、都市の町内会、農村の地区会（部落会）とぶつかって、コミュニティ・センターのハコモノ補助金だけはのこりましたが、当時の国のコミュニティ構想は理論としても政策としても直ちに破綻していきます。

その後、この地域政治問題を再構成していくのは、各地ではじまった市民活動でした。町内会・地区会の崩壊がすすむ二〇〇〇年代ではまた、地域レベルについての「ミニ自治」論が安易に理論家によって提起されます。だが、この立論も市町村の政治・行政がたえず補強・再編し、さらに各地でながい歴史の追憶をもつ、町内会・地区会の問題性の重さについての、「無知」からきているといえるでしょう。

この町内会については、私自身、少年期の経験をもっていることが、私を〈地域〉研究にかりたてたのかもしれないと思っています。父は体が弱く兵役から除外され、戦時中、町内会や連合町内会の役員をひきうけていたため、私はタシ算、ヒキ算ができるようになったころから町内会費集めなどの手伝いをさせられています。また役員会などの実態を体験し、考えるところもありました。この経験が私の地域への関心のもとになっているのかもしれません。

もちろん、戦後の高成長期、新住民が急速に増大した地域では地域有力者がこれに対応できず、さらには敗戦後の町内会・地区会の解散令ののちこれを復活させないという見識をもつ長・議員また職員のいた自治体では、今日でもこれを一切行政でつかっておりません。町内会・地区会がなくても、広報配布をふくめ市町村の政治・行政がなりたち、決して不可欠ではないことを、ここで確認しておきたいと思います。また多くの都市ないしその近郊の町内会では、すでに加入率がおちるなど、解体がようやくはじまっています。

二〇〇〇年代の今日では、地域ないし自治体の研究は、大学のカリキュラムや学部の再編をうながすとともに、産業になったといわれるほど、さかんになっています。だが、一九六〇年代では、私は多くの先輩から、自治体研究は「無意義」、それに「異端」だから、とりくまない方がよい、とりくむならば国家論だと、親切という意味でさんざん忠告をうけるような時代だったのです。

それほど、当時、中進国の農村型社会だった日本では、都市型社会の成熟する二〇〇〇年代と異なって、官僚統治を想定する「国家」という観念は輝いてみえ、「ムラ逃亡者」からなる近代化知識人は、官僚、学者だけでなく技術者、文学者や芸術家などをふくめて、旧保守系・旧革新系いずれも例外なく、そして明示・黙示を問わず、「国家」理論家だったのです。当時はまだ「市民」理論家は未熟で、ようやくその出発がはじまるころでした。ですから、自治体問題の独自性を私が論じますと、旧保守・旧革新いずれの理論家も、「国家論」(前述、近代化I型発想)がない、あるいは「階級論」(前述、近代化II型発想)がない、と私を批判するという始末でした。

たしかに、戦前から戦後の一村一品運動まで、日本でたえず《地域》が問題となっていました。とくに二宮尊徳は、危機のときにはくりかえし地域をめぐって問いなおされて、復活しています。そこでは、農村型社会のムラが「地域」の原型でした。このムラ原型の発想は、思想のレベルでは、柳田国男の民俗学、権藤成卿の社稷論など、また生活改善では田沢義鋪《よしはる》の青年団、橘孝三郎の愛郷塾などを、ここで想起してください。

戦後における「地域民主主義」「自治体改革」の提起と意義は、この数千年つづく農村型社会のムラの崩壊による都市型社会＝大衆社会の成立を予測し、そこに〈市民活動〉の自立と〈自治体改革〉の出発を想定し、いわゆる「戦後民主主義」の《表層性》を批判したところにあります。それだけに、二〇〇〇年代にはいっても、地域民主主義・自治体改革は日本の市民の未決の課題として、今後もつづきます。

一九六〇年代にはいって、ようやく、日本の都市型社会への移行のはじまりを反映する市民活動の激発、革新自治体の群生（その背景、特性、構造については、拙著『自治体は変わるか』、さしあたり九一頁以降、九六頁以降を参照）によって、日本ではじめて市民による自治体改革が出発します。もちろん、この「革新」自治体も私が「泥田の中の丹頂鶴」と呼んだように、直接選挙によるため、頂点の首長のみが「革新」系で、二千年来のムラ共同体の伝統からくる従来型の町内会・地区会を土台にもち、オカミとしての官僚統治体質をうけつぐ自治体職員、またムラ型の有力者・業主の自治体議員は、戦前体質のまま続いていました（本書第3論考参照）。

私は以上を背景に、一九六〇年の「地域民主主義」「自治体改革」という問題設定を基本に、後述のシビル・ミニマムの提起をおこないます。また、市民ついで自治体が主体となる《現代都市政策》という発想と手法を定礎する『都市政策を考える』（一九七一年、岩波新書）を、当時はまだ若き編集者だった岩波書店の大塚信一さんのすすめでまとめました。ここで、都市政策は都市型社会におけるシビル・ミニマムの空間システムづくりとなります。ついで、『岩波講座・現代都市政策』（全一二巻、一九七二〜七三年）では、農村型から「都市型」への、さらに翻訳型から「政策型」への、日本の社会理論の再編を試みます。

その後、日本の自治・分権政治の第一歩となる『地方自治法』大改正による《二〇〇〇年分権改革》をめぐって、『日本の自治・分権』、『自治体は変わるか』（一九九六年、一九九九年、いずれも岩波新書）をまとめ、改正後には『岩波講座・自治体の構想』（全五巻、二〇〇二年）の編集にあたります。

ここでみた二つの岩波講座は、それぞれが都市政策ついで自治体理論をめぐって、時代の課題を担おうとしていました。前者では伊東光晴、篠原一、宮本憲一さん、後者は西尾勝、新藤宗幸さんとともに、私も編集委員にくわわりました。

一九七〇年代の『現代都市政策』では、日本全体としてその理論が未熟のため、執筆者はいわゆる学者中心でした。だが、二〇〇二年の『自治体の構想』は、三〇年の時間の経過を反映して、市民活動家、自治体職員、ジャーナリストなど執筆者層が厚くなっており、問題設定もアクチュアルな具体性をもってきたことに留意ください。

講座編集の目的・課題は、各刊行の辞がのべていますように、前者は刊行当時、都市型社会への移行にもかかわらず、この都市型社会に対応するには未開発の都市政策、後者は〈二〇〇〇年分権改革〉によって転機にたつ自治体理論それぞれについて、執筆者の方々とともに新しい戦略展望を提起し、都市型社会における理論のあり方、政策・制度の開発だけでなく、さらには市民活動、また政府としての自治体の政治成熟への模索をめざしていました。

なお、いわゆる文科系学部で最初だったと思いますが、一九七六年、法政大学法学部政治学科に「都市政策」という講座を大教室方式で設置し、私の担当となります。この講座は、のちに横浜市の技監で、日本建築学会などに市民参加論、都市デザイン手法を導入した田村明さん、ついで都市・環境専門の弁護士として活躍するとともに、「都市法」の理論化をすすめた五十嵐敬喜さんが継がれます。また一九七七年以降、公開講座「都市政策セミナー」を、その後の社会人大学院入学へとつづく先駆的なかたちで、法政大学大学院にひらきました。

[a] 人間型としての「市民」定位

すでにのべましたように、大衆社会ないし都市型社会への移行とともに、「階級」の存在形態の変化としての〈マス化〉を背景に、新しい市民層が登場することを、私は理論的に予測していきます。事実、日本でも、一九六〇年前後から都市型社会への移行のはじまりとともに、多様な市民活動が登場しはじめます。この市民活動の出発をみて、〈大衆の受動性〉を強調する大衆社会論の「破綻」とせっかちに主張して、私の大衆社会論を批判する理論家たちもおりました。

だが、実は、特殊現代条件としての《社会形態》の変化にともなう大衆社会、つまり都市型社会への移行こそが、(1)閉じたムラ状況をきりくずして開かれたマス状況への移行となり、また(2)生活権（シビル・ミニマム）の公共保障が不可欠となるため、市民活動の発生条件をつくりだしていくのでした。この市民活動は、ムラ共同体が崩壊する先進国のアメリカ、西ヨーロッパ、また崩壊しつつある後進国のアジア、アフリカなどでも、地域不均等ですが、以上の二条件で当然ながら今日すでに進行しています。

日本の一九六〇年代までは、市民とは地中海の「古代」都市国家、ヨーロッパの「中世」自由都市、ついでヨーロッパ「近代」における名望家層ないしブルジョアを原型とする、外来の学術用語にすぎません。私のいう現代の「市民」についての考え方の基本は、数千年つづく農村型社会が崩壊する《現代》としての大衆社会＝都市型社会での、(1)マス・デモクラシーの成立、ついで(2)シビル・ミニマムの公共整備という、日本のアクチュアルな歴史文脈における新しい人間型として、とらえなおすことにありました。

この《現代》という文脈における「市民」の理論設定については、「市民的人間型の現代的可能性」（『思想』一九六六年六月号、拙著『戦後政治の歴史と思想』一九九四年、ちくま学芸文庫所収）が、時代の課題にこたえる理論構築となります。当時の日本の理論状況は、階層概念としてのブルジョアと規範概念としてのシティズンとの区別すらもはっきりしていなかったのです。

また、市民活動ないし市民参加にかんする日本で最初の本として、私が編著の『市民参加』（一九七一年、東洋経済新報社）をまとめ、ついで拙著『新政治考』（一九七七年、朝日新聞社）、『市民文化は可能か』（一九八五年、岩波書店）、『社会教育の終焉』（一九八六年、筑摩書房）などで、市民がもつ新しい政治への可能性をのべていきます。社会教育行政からの「市民文化活動」の自立を提起していた『社会教育の終焉』の刊行は、当時の社会教育行政への衝撃となり、その直後、文部省は社会教育局を生涯学習局へとカンバンを変えます。

『社会教育の終焉』は二〇〇三年に公人の友社から新版を出しました。本書でのべている市民文化活動の自立、自治体文化戦略の構築は、あらためて、(a)シビル・ミニマムの質整備、(b)自治体の財源破綻をめぐって（拙著『自治体再構築』二〇〇五年、公人の友社参照）、二〇〇〇年代の課題としても見直されるからです。

《現代》つまり都市型社会における規範人間型としての「市民」の定位については、新しい理論構成が不可欠でした。当時、つまり一九六〇、七〇年代、といっても今日の若い世代にはもう時代の「雰囲気」はおわかりにならないでしょうが、戦後日本の社会理論に強い影響をもったソ連共産党系の理論が図式化して、不毛となっていたブルジョア民主主義・プロレタリア民主主義、あるいはさらに第二次大戦後の冷戦が強化した資本主義体制・社会主義体制という〈階級〉闘争理論に基軸をおいた、近代化Ⅱ型段階の二元・対立思考が政治化されてひろがっていました。

図1－4　工業化・民主化の構造模型

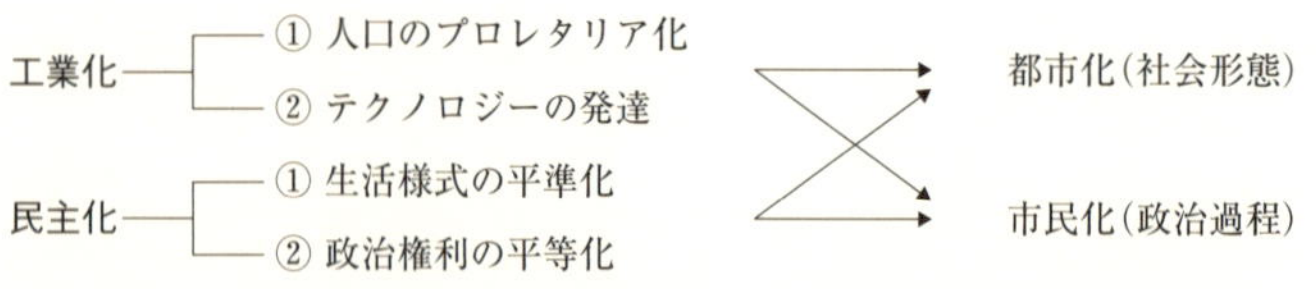

注：マルクスついでウェーバーが定式化した「人口のプロレタリア化」は，農村型社会のムラから解放された日本語の「サラリーマン化」を意味し，シビル・ミニマムが保障される今日では貧困化を直接には意味しない．

そのとき、**図1－11**（本書一〇五頁）にみる、〈市民〉を規範概念とする「人権・平和」「市民主権・機構分立・法の支配」という《現代民主政治》の普遍市民政治（基本法）原理、つまり《市民政治理論》が造出した普遍価値を、「人類普遍伝統」とみなしていくというリベラルな発想が、あらためて要請されます。前述の一九五〇年代における私の「自由」や「民主主義」という基本概念の整理がその予備作業となっています。また、のちにのべますが、国際的ひろがりをもつ、一九六〇年前後の「一般民主主義」という「構造改革」派による問題設定との関連も、ここでてきます。

この論点はやがて**図1－4**というかたちで私なりに整理するのですが、すでに本書でみている《工業化・民主化》からの出発となります。

当時の「階級闘争」という二元・対立型の理論設定は、戦後の冷戦によってさらに拍車がかけられたのですが、「五五年政党配置」と日本でいわれている旧「保守・革新」のいわゆる「イデオロギー対立」をつくりだしていきます。このⅡ型段階（**図1－1**・本書二一頁）の緊迫した「雰囲気」については、『丸山眞男集』（岩波書店）の一九五〇、六〇年代にあたる巻をひらいていただければ、丸山先生が旧保守・旧革新双方同型の思想状況ときびしく対決しておられたため、その実態がおわかりいただけると思います。

丸山先生には、ルカーチの『歴史と階級意識』（一九二三年）をテキストにつかった一九五四年度ゼミで、ルカーチだけでなく、コルシュ、ローザ・ルクセンブルク、あるいはベルンシュタイン、カウツキー、また二人のアドラー、レンナーなど、ドイツ語系の多様なマルクス理解を教わっていました。当時は理論辺境だった日本からは世界の主流にみえるソ連共産党ないしコミンテルン系のマルクス理解を、私はそのころ、すでに相対化できていました。

私自身は、文明軸としての工業化の論理については、前述のようにとくにマルクスから学びました。だが、マルクスの理論とその後のマルクス「主義」の理論とは異なります。当時の近代化Ⅱ型段階における日本のマルクス主義者については、「資本論派」→階級還元派、「内乱派」→闘争煽動派、「反デューリング派」→唯物公式派、それに「ドイツ・イデオロギー派」→倫理解消派などと、マルクスやエンゲルスの主著から類型化して、その役立たずを批判し、学生時代、議論をしていました。

また、当時の日本では、戦前からのいわゆるソ連派、戦後の中国派、また戦前からのドイツ社民派（かって社会党左派の中心をなした社会主義協会派はこの教条的変種）、戦後にくわわるイタリア派などの国際系譜別、あるいは日本独自文脈での講座派、労農派、また福本派、トロツキー派、さらには協会派、グラムシ派などというような国内党派別のレッテル貼りもおこなわれていました。これらのいわゆるマルクス「主義者」たちの間では、相互にきびしい論争がおこなわれ、組織内粛清すらみられたのです。

マルクス主義といっても、日本だけをみても、このように座標軸のつくり方いかんによって、多様な、しかも相互にきびしい後進国型教条対立をたえず生みだしていました。つまり、「マルクス主義」というだけでは何もいっていないのと同じなのです。「マルクス主義」という言葉で、後世の方々は十把一からげにしないようにしたいものです。

だが、日本のいずれのマルクス主義者も一九世紀ドイツ以東、あるいは二〇世紀ロシア、中国など、後進国をモデルとしたいわばオールド・レフトで、都市型社会以前の農村型社会を前提とする近代化Ⅰ・Ⅱ型段階（図1-1・本書二二頁）の発想にとどまっていました。当時の日本の思想状況は、私が一九五六年、前掲「大衆国家の成立とその問題性」の発表以降も、近代化Ⅲ型段階の論点については、問題意識としてすら、まだ思考不能の状態にあったのでした。このため、私の大衆社会論にたいしては、「マルクス主義者」たちがこぞって拒否反応をしめしたため、日本で前述の「大衆社会論争」という大騒ぎとなったのです。

そのうえ、日本の理論家たちは、国際視野での現代史研究のたちおくれもあって、一九世紀社会主義理論とはすでに文脈が異なっている、特殊二〇世紀前半型のヨーロッパ社会主義運動ともいうべき、都市改革原型のフェビアニズム、議会政治原型のベルンシュタイニズム、一揆原型のスパルタクシズム、ゼネスト原型のサンジカリズム、さらには産業自治原型のギルド・ソーシャリズム、ついで前衛党革命をかざして一党独裁原型となるロシアのボリシェヴィズムなど、あるいはこれらにたいする反動となりますが、おなじく社会主義ないし労働運動を背景に一党独裁原型の全体政治をめざしたファシズム、ナチズムをふくめて、それぞれが独自の視座から提起している、新しい二〇世紀前半型の問題性ないし局面を見逃がしていたのです。

一九五〇年代、私は前述した市民政治理論の「現代的転換」の起動因として、これらの二〇世紀前半の多様な社会主義各理論からの問題提起についてもとりくみ、それらの位置を二〇世紀「現代」政治理論の文脈に相関させていきます。

ヨーロッパのこれら二〇世紀前半型の問題提起をおしすすめた諸論著は、古来、とくに明治以降、今日もつづく思想輸入に敏感な日本にふさわしく、戦前にいち早く輸入され、すでに翻訳もおこなわれていました。にもかかわらず、いまだ農村型社会の発想にとどまる日本の理論家たちは、他方での後発国つまり農村型社会を反映するソ連あるいは中国の共産党の理論呪縛もあって、これらの特殊《現代》的意義が理解できなかったようです。

その後、一九六〇年代以降になると、一九五六年、フルシチョフ・ソ連共産党第一書記による「スターリン批判」もあって、各国の工業化・民主化の度合に応じて、旧コミンテルン系各国共産党の内部でも、新たに中国・ソ連論争、中国・イタリア論争もはじまります。当時、中国はいわば農村型社会の後進国型発想にとどまり、他方、ロシア、イタリアは中進国型の発想にかたむきはじめていました。ここから、革命路線について、旧コミンテルン系各国共産党間での国際論争がおきたのです。ここからも、私は戦後日本の思想状況を相対化していきました。

もちろん、日本における思想の構造特性についてたえず問題を提起され、今は先生についての研究がたえず議論の焦点となっている丸山眞男先生からはいうまでもありませんが、中村哲先生には原始王権から近代君主権をめぐる政治社会学の発想、ついで辻清明先生には当時日本で未熟だったサイエンス型実証スタイルについての教示をうけたことをふくめて、私は日本の思想状況を相対化する視角を学んでいました。

この三人の先生が編集委員だったのですが、大学卒業直後に、学生時代の編集経験を活かして『政治学事典』（一九五四年、平凡社）の編集事務を担当したとき、編集会議でこの三先生から直接、それこそ「耳学問」の機会をもちえたことを幸せに思っています。また、事典編集は政治理論の全領域を見わたす思考訓練にもなったのではないかと、今日からみて考えます。

すでにのべましたように、一九五〇年代、私の研究課題は市民政治理論の《古典》的形成とその《現代》的転換でした。この発想を基軸に、前述のように、一九五七年、「民主主義の歴史的形成」（前掲『現代政治の条件』

図1－5　現代民主政治（普通市民政治原理）の歴史系譜

市民参加	古代地中海文化圏	⟶	共和政治	自由権＝政治民主主義
法の支配	中世ヨーロッパ文化圏	⟶	立憲政治（基本法）	
個人自由	近代ヨーロッパ文化圏	⟶	基本人権	
生活保障	社会主義理論	⟶	シビル・ミニマム	生活権＝社会民主主義

所収）以降、普遍市民政治原理を民主政治の歴史のなかから定式化していきます。

私は現代民主政治を、**図1－5**のように、古代地中海文化圏における都市国家の「参加」、中世ヨーロッパ文化圏における身分議会の「立憲」、近代ヨーロッパ文化圏における個人の「自由」、さらにはのちにシビル・ミニマム（後述）の設定となるのですが、社会主義が提起した現代の「生活権」をつけくわえた複合として位置づけていきました。

民主政治は人類史的普遍性をもつという視点で、戦後の近代化Ⅱ型段階の「階級闘争」という二元・対立の発想をのりこえて考えていきます。また、自由の現代型構造の普遍性についても、すでにのべましたが、同じく一九五七年、「現代政治における自由の条件」（日本政治学会報告、前掲『現代政治の条件』所収）で理論再編を試みています。しかも、前述のように、当時私のいう「社会主義」とは〈市民社会〉主義の文脈だったのです。

戦後の一九五〇年代は、冷戦の激化がすすんで、ソ連では「スターリン主義」が極限状態となるとともに、アメリカでもアカ狩りの「マッカーシー主義」が吹きあれます。日本でも、敗戦による占領ついで戦後改革への反動として、講和後、戦前党人派鳩山内閣、戦前官僚派岸内閣のオールド・ライトによる「改憲」への「逆コース」がめざされます。

この意味では、占領下の幣原・吉田内閣は、いまだそれこそ、戦前型の宮廷派官僚内閣だったといってよいでしょう（拙著『戦後政党の発想と文脈』第5章、二〇〇四年、東京大学出版会参照）。一九五五年、近代化Ⅱ型段階としての保守・革新という二元対立に整理された、一九六〇年池田内閣以前の、「前期」五五年政党配置の問題性がこれです。

このため、当時、保守・革新の対立をこえる普遍市民政治（基本法）原理の強調が緊急に必要でした。この一九五〇年代では、日本の「戦後民主主義」は危機状況にあったのです。経済統計上は高成長がはじまっていたとはいえ、今日の若い世代がみるのとは異なって、一九五〇年代は日本が前線基地となる朝鮮戦争もあって暗い時代で、とくに《改憲・護憲》をめぐっては、前掲拙著でみたように、戦後政治の分岐点という時代でした。

この論点については、また革命と抵抗の相異を提起した「忘れられた抵抗権」（『中央公論』一九五八年一一月号、前掲『現代政治の条件』所収）、また、構造改革派つまりニュー・レフト発想による、当時の保守・革新の争点設定を批判した「憲法擁護運動の理論的展望」（『思想』一九六二年五月号、前掲拙著『現代日本の政治的構成』、一九六二年、東京大学出版会所収）が、この《普遍市民政治原理》を〈階級闘争〉にかわる新しい政治軸として位置づけ、ひろく共感をもってうけいれられたため、私にとっても想い出の多い論文となっています。

事実、二元・対立をふかめる「前期」五五年政党配置のなかで、オールド・ライト主導の『警職法』『安保』、これにたいする革新系「国民運動」からの反撃によって、岸内閣は倒れます。ここから一九六〇年以降、自民党は出直しをせまられ、「改憲」ではなく「護憲」による高成長をかかげる池田内閣ニュー・ライト路線に新しく転換します。つまり「護憲」（＝社会党）による「高成長」（＝自民党）というかたちで、自民党１、社会党１／２の議席比で均衡する「中期」五五年政党体制への移行となります。

この「中期」五五年政党体制は、福田内閣が成立する一九七六年総選挙で、自由クラブの自民党からの分裂、社会党では戦前派大物政治家が軒並み落選するとともに「社会市民連合」成立のとき終わり、その後は自民党中軸の一強多弱という「後期」五五年政党体制に移行します。

なお、当時の日本型「階級闘争」現実の問題点を実証分析したものとして、前述の「労働組合の日本型政治活動」（『日本政治学会年報』一九六〇年版、拙著『昭和後期の争点と政治』一九八八年、木鐸社所収）を参照ください。この論考は、当時の労働運動について、政治学からの、最初で唯一の研究でした。「族議員」という言葉の初出ともなります。

近代化Ⅱ型から近代化Ⅲ型への移行をめぐる社会主義理論の再編・分裂が問題となるという論点については、「マルクス主義の二〇世紀的転換」、「社会民主主義の危機」（前掲『現代政治の条件』所収）などで、あるいは戦後日本については「社会民主主義の二つの魂」、「社会党—交錯する二つの底流」（前掲拙著『現代日本の政治的構成』所収）などで、まだ私自身三〇歳前後の未熟な模索だったのですが、読みとっていただけると思います。

この一九六〇年前後は、日本全体として、すでにのべた、いわばオールド・レフトにかわるニュー・レフト（構造改革派）、オールド・ライトにかわるニュー・ライト（構造政策派）への模索がはじまっていたころでした。この点についても、前掲拙著『戦後政党の発想と文脈』で整理しています。

ついで、一九六〇年代以降は、また、日本における都市型社会への移行のはじまりのため、政党から日当もでるという、保守・革新両系ともにみられた戦前からの〈組織動員〉方式をとる「国民運動」にかわって、〈個人参加〉という意味で、決定的に異なる構造をもつ《市民活動》が、日本でも群生しはじめます。それまで欧米モデルの学術用語にすぎなかった「市民」という言葉は、この段階から、ひろくマスコミもつかう日常用語としての日本語となってきました。

私が今日的文脈での「市民」という言葉を私なりにはっきり意識しましたのは、敗戦直後、まだ市民という言葉は日常会話にはなかったのですが、金沢の旧制四高の学生だったとき、四高前のとある商店の壁面をかりて書棚をおき、「市民文庫」と名づけていた、一人の若い知識人がひらくミニ図書館をいつも訪れていたためだったと思います。

「市民文庫」は、発禁の書をはじめ、戦前の専門書や文庫、新書からなっていました。聞くところによれば、発禁の書は特高警察の目をのがれるため、金沢近郊のとある農家の蔵に奥深く隠されていたようです。書棚には、戦前の書物にもかかわらず、戦後の新しい時代の息吹ともいうべき、リベラルな感覚が息づいているのを感じていました。

私は、旧制高校時代、授業よりもこの「市民文庫」で育ったようです。また、私に思考訓練の基礎をあたえてくれた三木清『構想力の論理』(一九三九年、岩波書店)は、ここで発見したのでした。今日からふりかえってみますと、敗戦直後、さすが金沢ですが、「市民文庫」という市民活動をおこなっていた二人の若い知識人がおられたこと自体、驚きというべきでしょう。

私は、著作の第一作を『市民政治理論の形成』(一九五九年)としました。その後、大衆社会ないし都市型社会を前提に、前述の拙稿「市民的人間型の現代的可能性」(一九六六年)であらためて、市民についての古典理論をふまえながら、私なりの《市民》をめぐる《現代》理論の定位を、おしすすめます。日本の社会主義者をふくむ後進国型の「国家」理論家には理解できなかったのですが、この「現代」市民はかつての「歴史概念」ないし「階層概念」としての「市民」とは異なり、大衆社会ないし都市型社会がはじめて、すべての人々に可能性を準備するという意味で普遍性をもつ、「規範概念」として「市民」の設定となります。

マス・デモクラシーが生みだす、現代の《市民》とは、「自由・平等」という生活感覚、「自治・共和」という政治文脈をもつ《シティズン》、つまり規範人間型、という定位がこれです。しかも、〈人間型〉をめぐっては、文化の型と人間の型とが同型ですから、市民が市民文化をかたちづくり、市民文化が市民をつくりだすという緊張をたえずもつことになります。

だが、この「市民」は永遠に現実とならないため、つねに未完にとどまる規範概念です。都市型社会における「市民」の位置づけがここで私なりの決着をみました。つまり、かつての「財産と教養」をもつ名望家ないしブルジョアという歴史階層としての市民とは区別して、マス・デモクラシーの論理をふまえた「普遍市民政治原理」をたえず提起しうる現代市民を設定したのです。

この「市民」という規範人間型を前提としないかぎり、「愚民」が前提では民主政治という考え方自体がなりたたないではありませんか。だが、市民は、夢のような「理想概念」ではなく、考え方の枠組としての「規範概念」です。しかも、政治のマス化つまり大衆政治がはじめて、この現代型の市民をうみだします。

ついで、今日、この《市民》という規範概念をもちうるようになった日常の私たちが市民なのです。特別な市民がいるわけではありません（この《現代》市民文化をめぐる公共・自治の概念とその政治文脈については、拙著『転型期日本の政治と文化』二〇〇五年、岩波書店参照）。

〔b〕　現代都市政策論の提起

具体的には、一九七〇年、都市型社会における市民の政策公準としての「シビル・ミニマム論」の提起と、その空間システム化としての「自治体計画論」の開発をおしすすめます。拙著『都市政策を考える』（一九七一年、岩波新書）がこれで、その準備作業としては『シビル・ミニマムの思想』（一九七一年、東京大学出版会）に集めた種々の試論があります。

自治体計画論の構築にあたっては、一九九九年の『自治体は変わるか』（岩波新書）第七章「回想の武蔵野市計画」（武蔵野市政五〇周年記念講演）でみましたように、一九七〇年前後、武蔵野市における市民参加型自治体計画の策定経験から自治体の深層を学びました。武蔵野市の計画は、市民、職員ついで長・議員それぞれの参加手続を定式化した、しかも今日もその考え方はのりこえられていないといわれる自治体計画の策定手続をつくり、当時から「武蔵野方式」とよばれています。私の都市政策論は、市民活動の登場を背景とする一九六〇年からの自治体改革論を基軸に、この武蔵野方式の「経験」にも学びながら、模策していきます。

これまで、都市政策論といえば、建築学、土木学あるいは社会福祉学、公衆衛生学などが特定の関連領域とみなされ、その財源論としての地方財政学がくみあわされるというヨセアツメの状態でした。たしかに、翻訳調の片山潜や安倍磯雄らの先駆業績もあり、また、当時、羽仁五郎『都市の論理』（一九六八年、勁草書房）がベストセラーとなりますが、これらは、農村型社会での資本主義都市をめぐる、いわば「前期」都市政策論という位置にあります。

〈都市型社会〉の成立をみて、現代〈市民〉を政治主体とし、いわゆる都市・農村を問わず、〈自治体〉を基本の制度主体においた、シビル・ミニマムの公共整備を戦略課題とする《現代》都市政策とは、その文脈は異なっています。

私は《都市型社会》は、農村型社会からの移行期に激化する「都市対農村」という対立をのりこえ、農村地区をもくみこんでいくととらえて、「都市」を《現代》の普遍的な社会形態・生活様式と理論化します。この意味で、現代の社会理論は、農業地区ないし農村をふくめてひろく都市理論でなければならないということになります。一九六〇年代から構想しはじめたこの考え方の集約が、「現代」都市政策を最初に理論として構成した一九

図1－6　都市型社会の生活・政策構造

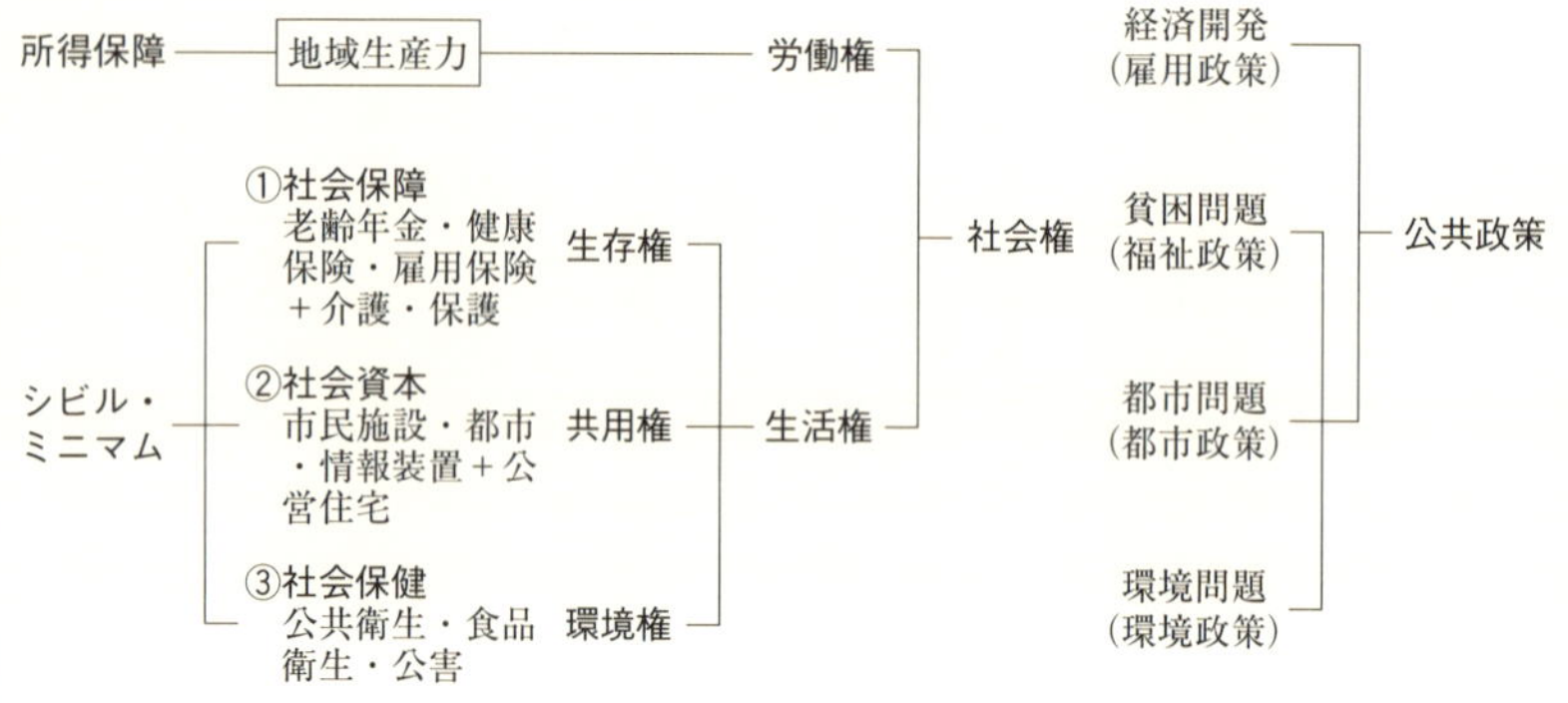

七一年の前掲『都市政策を考える』でした。その間の理論模索が、**図1－6**を定式化した、前掲『シビル・ミニマムの思想』です。

一九七二年以降は、前述の『岩波講座・現代都市政策』全一二巻の刊行によって、都市政策の特殊現代的急務性は、日本でひろく理解されはじめます。数千年続いたこれまでの農村型社会を原型とする考え方をきりかえて（当時、私は一時的に「工業社会」とよんでいますが）、《都市型社会》という時代認識をふまえた社会理論の発想転換、ついで市民を起点に自治体レベルから政策・制度開発をおしすすめるという発想が、ようやく、この時点から日本ではじまります。

私は、一九七〇年五月の『展望』（筑摩書房の総合雑誌）で、政策公準としての《シビル・ミニマム》（市民生活最低基準）について問題提起をいたしました。工業化によって「プロレタリア化」つまりサラリーマン化する都市型社会の人間にとって、これまで労働組合がとりくんできた近代化Ⅱ型段階の階級闘争の成果である「労働権」の確保はもちろん必要ですが、他方では農村型社会のムラ自治・ムラ扶助が崩壊するため、近代化Ⅲ型段階ではあらためて、賃金・労働時間をめぐる「労働権」だけでなく、市民すべての「生活権」のミニマム確保をめざす、①社会保障（福祉）、②社会資本（基盤）、③社会保健（環境）

の公共整備、つまり「現代都市政策」が不可欠となるという理論構築となります（図1－6・本書五六頁）。

とくに、日本ではこれらの生活条件が、当時は労働者の上層三分の一にすぎない公務員や大企業の企業労働組合による企業福祉とむすびついていたため、私はこの〈企業福祉〉の再編をめざし、あらためて、《すべて》の市民を主体とする現代都市政策を、シビル・ミニマムの空間システム化と位置づけました。

このすべての「市民」におけるシビル・ミニマムの設定によって、「貧困」の解決をめぐって、政策・制度によるその具体解決の合意基準を、さらに指数基準で策定しうることになります。ここから、図1－5（本書五〇頁）にみたように、かつての《社会主義》の課題はあらためて、シビル・ミニマムをめぐる「生活権」という、民主政治の普遍基本法価値にくみこまれることになります。

その頃はまだ、日本国憲法二五条の生活権条項は、今日では想像もできないでしょうが、旧保守系・旧革新系を問わず日本の憲法学では、法文としては法効力のない「宣言条項」とみなしていました。近代化Ⅲ型段階に対応する憲法二五条は、ドイツ革命の成果であるワイマール憲法をモデルとして、日本の帝国議会が独自に、憲法のGHQ案にもりこんでいます。にもかかわらず、その権利性ないし実効性は、当時の旧保守系・旧革新系いずれの理論家ないし憲法学者も、まだ「国家統治」という近代化Ⅰ型段階、あるいは「階級闘争」という近代化Ⅱ型段階の発想にとどまっていたため、理解すらできなかったのです。

一九七〇年、私がシビル・ミニマムを提起するまでは、日本全体として憲法二五条の意義と課題についてはその理解ができないため、モノトリ運動のスローガンとはなっても、いまだ理論としての立論は弱かったといってよいでしょう。しかも、生活権ないしひろく市民福祉については、保守系は国家給付の反射としての「恩恵」、革新系は国家による労働者階級の「買収」にすぎないという理論づけすらしている始末でした。この双方の理論との二正面対決として、「都市型社会」における市民の普遍人権としての《生活権》を設定します。

ついで、生活権の公準であるシビル・ミニマムの公共整備をめぐって、まず政治主体を市民に設定し、ついでその制度主体としては、明治以来はじめて地域独自の政府責任をもつ《自治体の発見》となります。この都市型社会の生活様式の設定からはじまる自治体の、このような位置づけによって、これまでの「地方自治は民主主義の学校」といった、啓蒙型の自治体の位置づけをのりこえていくことができました。

なお、《シビル・ミニマム》という言葉は、イギリスのナショナル・ミニマムをもじった私の造語です。(1)政策主体を国から市民、ついで自治体への転換、(2)貧困問題をめぐる社会保障だけでなく、当時新しく激化してきた現代の都市問題、環境問題にも対応して社会資本、社会保健の付加にともなう市民生活条件の総合システム化、(3)自治体の地域特性・独自課題のくみいれ、という三点で、ナショナル・ミニマム論を再編したものでした。

ついで、戦前からつづく官治・集権型の官僚法学、講壇法学、さらにひろく日本の農村型社会を原型とする社会・政治理論にたいする全面批判をおこない、これが市民ついで自治体を基軸とする、一九七五年の『市民自治の憲法理論』（岩波新書）となります。そのころの日本の旧保守系、旧革新系いずれの社会・政治理論も、いまだ「農村型社会」のムラを土台として、《国家》つまり官僚組織が中軸をなす「国家権力」をいわゆる「階級闘争」によってうばいあうという、近代化Ⅱ型段階の立論にとどまっていたのでした。事実、自民党ないし日本の支配者層もいわゆる「治安問題」にたえず敏感だったのも、ここからきます。

図1－1（本書二一頁）をみていただきたいのですが、まだ、そのころの日本では、近代化Ⅱ型段階の「階級闘争」、ついで近代化Ⅲ型段階の「福祉国家」をめぐっては、保守・革新ともに同型の《国家統治》の想定では一致していたのです。そのころは、やがて「市民政治」段階をつくりだす《市民自治》からの出発、さらに自治

体の独自課題を想定もしていない時期でした。

日本の憲法学では、二〇〇〇年代の今日もカタクナにつづくのですが、『日本国憲法』の国民主権は〈市民主権〉たりえず、後出の**図1－13**（本書一一〇頁）に整理しているように、実質、〈国家主権〉つまり官僚主権に転化して国民主権を空洞化する、戦前の国家統治型の理論構成となっています（本書第4論考参照）。

この市民の生活権としてのシビル・ミニマムの提起は、都市型社会の最低生活基準の「普遍保障」というかたちで、労働運動、農民運動あるいは業界運動などの階層別をふくめた利害団体の圧力、あるいは政党のモノトリ・バラマキを批判・先導しうる「市民公準」、つまり市民自治を起点とする普遍政策基準の策定という位置づけとなります。このため、当時、自治体レベルでは「革新市長会」の綱領となるだけでなく、国レベルでも政策公準という考え方をもたないため、「行政需要」算定というかたちで省庁官僚にも波及していきます。

二〇〇〇年前後になりますと、自治体ついで国の財政緊迫によって、あらためて公共政策ないし政府政策としては《ミニマム》の公共整備しかできず、シビル・ミニマム以前は「個人自治」、それ以後は「個人選択」になることが、ようやく、市民公準なきムシリ・タカリの風土の日本でも、理解しうるようになります。ミニマム概念では「貧しい」として、オプティマムという考え方もでていましたが、このオプティマムはかならずマキシマムとなってムダないし浪費を誘発します。公共政策の課題領域はミニマムに限定すべきです。

しかも、このミニマムのゆたかさは量拡大ではなく、文化水準のたかいその《質整備》にあります。この点は、二〇〇〇年代の財政問題と関連づけながら「シビル・ミニマム再考」（拙著『自治体再構築』第3論考、二〇〇五年、公人の友社所収）で、あらためて、「行政の限界」ついで「行政の文化水準」をめぐって整理しました。

ついで、《自治体計画》ですが、旧建設省縦割による従来の都市計画とこの自治体計画とを、概念としてまず区別します。都市計画は、たしかに地域空間計画ですが、当時の日本ではまだ実質は建設省縦割の道路計画＋地域・地区指定にとどまっていました。だが、都市型社会では、社会保障・社会資本・社会保健というシビル・ミニマムの三課題領域の量充足・質整備、つまり市民の福祉・基盤・環境をめぐるシビル・ミニマムの空間システム化についての各自治体独自政策の造出が、自治体計画の位置と意義になります。

このような新思考による自治体計画の理論模索には、前掲拙著『都市政策を考える』がパイオニア・ワークでした。ついで「自治体計画のつくり方」（『岩波講座・現代都市政策Ⅲ』一九七三年）がつづきます。

そのとき、自治体は①地域個性を活かすとともに、②地域総合、③地域先導が基本となるため、市町村、ついで県による自治体計画が不可欠というかたちで、自治体計画の課題領域を省庁縦割の国土計画という考え方からも自立させます。これがまた、私の「日本列島改造論」批判（「田中内閣論」『中央公論』一九七二年九月号、拙著『昭和後期の争点と政治』一九八八年、木鐸社所収）の考え方でした。

国レベルの国土計画については、市町村、ついで県の各自治体計画の全国調整をめぐって柔らかい展望型としては、今後も議論をつづけるべきでしょうが、従来の縦割省庁官僚が主導する「全国総合計画」という固い国土計画、というよりも各省庁縦割公共事業のヨセアツメの段階は、公共事業肥大にともなう国の財政破綻というかたちで失敗し、制度としてもすでに廃止となっています。国土計画主管の国土庁も、経済計画主管の経済企画庁とともに、二〇〇一年の省庁再編でなくなります。

だが、自治体計画は、一九八〇年代以降は、かつてのナイナイづくし段階におけるシビル・ミニマムの「量充足」から、新しくその「質整備」をめざした、既存政策資源の再活性化へとその課題を転換することになります。そのうえ、自治体計画の意義は、二〇〇〇年代の自治体の財務緊迫とあいまって、《自治体再構築》への決断と覚悟をめぐる市民合意となるという意味で、今日さらに緊急の重要性をもつようになりました。

今日では、各自治体の自治体再構築、つまり自治体政府レベルでの予測・調整をめぐる、市民合意の手法・手続として、自治体計画の課題が加重されます。この点については、私の「分権段階の自治体計画づくり」（前掲拙著『自治体再構築』所収）を参照ください。くりかえしますが、⑴自治体の政策・組織・職員の再編、⑵市民生活の質整備、⑶地域個性文化・地域雇用創出が今日の自治体計画の主題となるため、かつてシビル・ミニマムの量充足をめざした自治体計画とは、その意義もおおきく変わってきました。なお、日本の独自開発によるこの自治体計画論は各国の自治体理論をこえる水準をきずきあげていることに、留意したいと思います。

日本の自治体が「政府」として自立する第一歩は、一九六三年の地方統一選挙からはじまり、一九七〇年代にいたる《革新自治体》の群生でした。革新自治体は当時の市の三分の一におよびます。この群生の背景としては、都市型社会への移行期における、⑴農村型社会モデルの国の政策・制度のたちおくれ、⑵シビル・ミニマムをめぐるナイナイづくしという地域の実状、さらには⑶批判票・浮動票が即効力をもつ大統領制としての首長制、という三条件があります。

当時の旧革新政党は、労働組合依存という発想をもつため、既存団体依存の自民党とおなじく、都市・自治体理論については、いまだ無知・無能でした。にもかかわらず、革新自治体は都市型の批判票・浮動票を結集して成立します。それゆえ、前述のように、革新自治体については、従来の職員機構のオカミ体質、議会のムラ体質をのこしたまま、首長だけがいわゆる革新系、実質はその多くが戦前の地域名望家出身の知識人という意味で、「泥田の中の丹頂鶴」と私は位置づけます。

だが、革新自治体の政策・制度改革への模索ないし試行は画期的でした。この画期性については、『資料・革新自治体』(正・続、一九九〇・一九九八年、日本評論社)を参照ください。編集は鳴海正泰、神原勝、大矢野修さんと私が担当しました。今日の自治体改革課題がそこには出揃っているだけでなく、二〇〇〇年分権改革の起点がこの革新自治体にあることをみいだせます。革新自治体の歴史課題と理論位置については、拙著『日本の自治・分権』第三章、『自治体は変わるか』第一章(いずれも岩波新書)でのべています。

一九八〇年代になりますと、日本でも農業人口が一〇%をきり、都市型社会が成立していきます。自治体計画によるシビル・ミニマムの実現をめざした先駆自治体では、ナイナイづくしの時代をほぼ終えはじめ、自治体計画の課題はシビル・ミニマムの「量充足」から「質整備」へと、その転換が不可欠となっていました。だが、国は自民党によるバラマキ型集票をつづけていくため、この量から質への政策転換に失敗して、さらなる「量拡大」をおしすすめます。その後、バブル崩壊とあいまって、自治体をもまきこんで景気対策・内需拡大の名のもとに、さらなるバラマキ型の国富浪費におちいり、ついに自治体、国ともに、二〇〇〇年代では日々超絶した借金がふえつづける財政破綻状況となります。

一九八〇年代からのシビル・ミニマムの《質整備》という新しい政策課題領域については、〈文化行政〉と名づけました。この文化行政の課題は、(1)行政全般の文化水準上昇をめざして地域個性を活かす「行政の文化化」、(2)①地域生態新均衡の造出、②地域史の再生、③アーバン・デザインの手法導入をめざす「地域文化戦略」の構築となります。その基礎としては「市民文化活動」の自立という視点を成熟させていきます。そのとき、建設・破壊という短期発想をのりこえて、建築・破壊の中間に継続性・持続性をたかめる補修・修景をふくむ「地域づくり」が基本となります。

この主題が、拙著『市民文化は可能か』(一九八五年、岩波書店)、『社会教育の終焉』(一九八六年、筑摩書房、新版・二〇〇三年、公人の友社）でした。シビル・ミニマムの量充足から質整備への課題転換をめざしたこの「文化行政」という発想から、当然ながら首長部局に、⑴行政の文化化、⑵地域文化戦略を直接の課題とする「文化室」の設置と、社会教育の廃止にともなう教育委員会の学校教育への純化がはじまっていきます。

文化行政では、自治体行政全域における国基準の低質ないしその劣化をめぐって、シビル・ミニマムの量充足から質整備へというかたちで、行政の質のレベル・アップを先駆自治体主導でおしすすめることになります。なかでも、横浜市が先発となるのですが、横浜市技監だった田村明さんを中心に先駆自治体でのアーバン・デザイン手法の導入もすすみます。また弁護士の五十嵐敬喜さんは景観条例にとりくみます。地域づくりはもはや全国画一の「国法の執行」ではなくなり、「市民文化活動」の自立を土台にもつ、「地域個性文化」の創出となっていきます。日本の先駆自治体の問題設定、政策・制度開発技術は、こうして、憲法学・行政法学、また政治学・行政学、あるいは経済学・財政学の従来の水準をすでにこえてきたのです。

当時におけるその問題設定としては、森啓さん（北海学園大学教授）と私の共編『文化行政』（一九八一年、学陽書房）があります。文化室の設置をはじめ、この文化行政の全国展開には、当時、神奈川県自治総合研究センターの研究部長だった森啓さんが活躍されます。なお、この神奈川県の自治総合研究センターは、長州一二知事が従来の国主導による型ハメ用の自治体研修所を自治体主導の文化水準のたかい政策・制度開発用に再編し、その後の各自治体の研修所改革の原型をかたちづくりました。その改革原案は私がつくっています。

二〇〇〇年代にはいりますと、明治以来の官治・集権のトリックである機関委任事務の廃止を中軸とした『地方自治法』大改正による［I］「分権改革」のはじまり、ついで国の政策失敗による自治体の［II］「財源緊迫」とがあいまって、以上の課題と手法をもつシビル・ミニマムの「質整備」という考え方があらためて急務となり

図1－7　政府各レベルの特性・機構・課題

	〔政府特性〕	〔機構特性〕	〔政府課題〕
国際機構	複合・抽象性	国際政治機構（国連）＋国際専門機構	国際調整（世界政策基準策定）
国	総合・複合性	長＋省庁（事業部制）	基準行政（国の政策基準策定） 経済運営・国際戦略・直轄事業
自治体	総合・直接性	長＋部課 広域自治体………	補完行政（自治体政策策定）
		基礎自治体………	基礎行政（自治体政策策定）

ます。ここから、省庁が縦割で肥大させた官治・集権型の既存政策・制度の全面見直し、つまりスクラップ・アンド・ビルド方式による、自治・分権型への政策・制度再編につながっていきます。これが、今日の人口減少、財源縮小を背景に、福祉再生、景観再生、環境再生を主題とした地域個性文化の創造、また地域経済活性化をともなう地域雇用の創出という、新しい自治体課題への飛躍をめざすことになります。

〔C〕政府の三分化と信託・補完原理

都市型社会におけるシビル・ミニマムの公共整備という市民課題ないし公共政策をめぐって、市民の文化・情報水準、団体・企業の専門・政策水準が上昇する結果、かつて日本の後・中進国状況では絶対・無謬とみえた国の省庁官僚の「行政の劣化」が、構造汚職とあいまって露呈するとともに、「政府政策」は「公共政策」のかぎられた特定局面のみを担うにとどまるという、その限界もあきらかになります。

このかぎられた政府政策の課題も、国レベルに集中するのではなく、**図1－7**のように、自治体、国際機構それぞれのレベルでも政府責任として分担されます。ここから、市民から出発する〈補完原理〉にもとづいて、政府が自治体、国、国際機構に三分化するという理論再編が不可欠となり、同時に、法も**図1－3**（本書三二頁）にみたように、自治体法（条例）、国法（法律）、国際法（普遍条約）に三分化します。

文化形態も、今日では、かつてのように国家を前提とした国民文化中心に考えるのではなく、次のように三文化形態に分化し、個人はこの三文化形態の緊張をそれぞれの個人責任で選択・結合・再編しながら、生きていくことになります。

地域個性文化　数千年つづく農村型社会における地域固有の生態・歴史を基盤としてたえず再編
国民文化　近代以降、国家が国民統一のために国語・国史の造出を中核とした過渡的な仮構
世界共通文化　地球規模での大量生産・大量伝達を土台に工業化・民主化の普遍文明軸による展開

この三「文化形態」は、後述の「市民文化」という自治・共和の「政治文脈」とは、異なる別のレベルの問題設定です。なお、市民文化ないし文化戦略については拙著『転型期日本の政治と文化』第7論考「文化の座標軸と政治文脈」（二〇〇五年、岩波書店）に整理しています。

すでに**図1－3**（本書三二頁）にみたように、都市型社会にはいった今日の私たち市民は、つねに地域規模・国規模・地球規模の重層緊張で考えることが不可欠となったといわなければなりません。これを、さらに、双方向伝達のＩＴが加速します。

しかも、自治体や国際機構の位置・課題の設定は、従来のような国家から出発する「派生原理」ではなく、市民を起点とした「補完原理」にもとづいて、自治体（市町村→県）→国→国際機構へと順次、抽象的になります（**図1－7**参照）。この「補完原理」では、**図1－7、3－1**（本書六四、一四九頁）にみるように、自治体ことに

図1－8　政治イメージの模型転換

在来型										
	国家	国家	国家	国家						

転換型	
Ⅴ	国際機構（国際政治機構〔国連〕＋国際専門機構）
Ⅳ	国（EUもこのレベル）
Ⅲ	自治体（国際自治体活動をふくむ）
Ⅱ	団体・企業（国際団体・国際企業をふくむ）
Ⅰ	市民活動（国際市民活動をふくむ）

基礎自治体からの出発が基本です。

　くわえて、二〇〇〇年代にはいりますと、大学のカリキュラムでも自治体理論は国際理論と同等の比重をもつまでになってきました。政府の三分化にともなって、一九六〇年代までは考えられなかった理論状況の急変がすすんでいきます。こうして、かつて絶対・無謬の主権性をもつとみなされた国家観念へのサヨナラとなりました。

　「国家統治」をかかげる国家観念から解放されて、市民による自治体、国、ついで間接的ですが国際機構という、補完原理による各政府レベルへの複数の「政府信託」（『日本国憲法』前文を想起）という理論構成が基本となり、明治国家以来の擬人性をもつ国家観念（国家法人説！）が崩壊します（**図1－13**・一二〇頁）。

　一九七五年の『市民自治の憲法理論』以降、たえずのべましたように、政治イメージの決定的転換がそこにおきます。政治はこうして脱魔術化し、**図1－8**にみるように、市民活動レベル、団体・企業レベル、ついで自治体、国、国際機構という三政府レベルの五層をめぐって、普通の人間の営みにすぎなくなったのです。

　自治体、国、国際機構という複数の「政府信託」の起点となる《自治体政府》の自立、ついで市民からの「補完原理」に再編される《自治体理論》の転換については、一九七五年の前掲『市民自治の憲法理論』（とくに、補完原理については五一頁以降を参照。一九八五年にできた『ヨーロッパ地方自治憲章』の一〇年前に、その考え方を提起している）のほか、一九九六年の『日本の自治・分権』第五章「自治体理論の基本論点」（いずれも岩波新書）でものべています。今日では、国連系の『世界地方自治憲章（案）』をふくめて、この「補完原理」は国際常識といってよいでしょう。

《二〇〇〇年分権改革》の意義と課題については、岩波新書の『日本の自治・分権』（一九九六年）で私なりに構想し、『自治体は変わるか』（一九九九年）で論点を詳述しましたが、直接の財源の再配分はできなかったものの、権限では官治・集権トリックである「機関委任事務」方式の廃止という画期となるため通達も失効し、《国家統治》という明治国家型の考え方が終わります。機関委任事務は「法定受託事務」に縮小・再編されますが、この法定受託事務とは、私が『市民自治の憲法理論』（五五頁）、『日本の自治・分権』（四〇頁）でのべたように、「国基準のある自治体課題（事務）」です。今後はまだ残存する省庁による個別法での「関与」を、独自の政府となった自治体が、いかに順次、縮小あるいは形骸化していくかが問われます。

なお、この分権改革は、一九九三年、「地方の時代」シンポジウムの『神奈川宣言』が提起したように、市町村、県、国の垂直分権にしぼって、合併をふくむ水平調整をこの垂直分権の成果をみたうえでの、次の段階の課題としたため、実効的たりえたのです（前掲『日本の自治・分権』一九頁、五〇頁以降参照）。

地方分権推進委員会、とくに座長の西尾勝さんらの努力の結果、この二〇〇〇年分権改革では、国と自治体の関係は、国ないし省庁による指揮・監督つまり行政調整から、立法分権・司法調整をともなう〈政府間関係〉となりました。これは戦後改革でもできなかった明治以来の官治・集権から自治・分権への転換がようやくはじまったことを意味します（地方分権推進委員会については、西尾勝『未完の分権改革』一九九九年、岩波書店参照）。

自治体は国からの「派生」ではなく、市民の第一次の政府となったのです。そのとき、国は自治体を「補完」する第二次の政府にすぎなくなります。だが、この分権改革の浸透・拡大には、前掲『自治体は変わるか』にのべたように、「自治」の理念・精神どまりではなく、自治体における〈法務・財務〉（この法務・財務については、本書第3論考、さらにくわしくは拙著『転型期日本の政治と文化』二〇〇五年、岩波書店を参照ください）の熟達が不可欠です。だが、先駆自治体はともかく、居眠り自治体では、なお目がさめず、法務・財務にとりくむには一〇年以上はかかるでしょう。

二〇〇〇年代の今日では、官治・集権からこの自治・分権にむけて、政治・行政をはじめ経済・財政、文化・理論の転型は、時代の課題としての日本再構築の中枢課題となりました。

＊

これまで未開だった、以上の相互に循環する、Ⅰ市民政治理論、Ⅱ都市型社会理論、Ⅲ自治体理論の三理論領域は、市民政治の可能性をきりひらいていくと考えます。

次にのべます政策型思考、制度型思考の二分野は理論領域として特定されない、《思考方法》へのとりくみとなります。この思考方法も、明治以来の政治学ないし社会理論全体としては、ほぼ未開の思考地平で、今後、市民ついで政治家のレベルでの、その開発・熟達が不可欠、不可避です。だが、今日でも、政策型思考は単なる「政策提言」ととりちがえられ、制度型思考もいわば法学思考から自立していないといえます。

拙著『政策型思考と政治』第1章にのべましたように、都市型社会の成熟にともない、市民の生活条件は、農村型社会のような《慣習》ではなく、《政策・制度》によってかたちづくられていきます。しかも、この政策・

制度の発生源は、近代化過渡期のように国家＝官僚組織にのみ専属されず、新たに「分権化・国際化」が時代特性となるため、Ⅰ市民活動レベル、Ⅱ団体・企業レベル、それにⅢ自治体、Ⅳ国、Ⅴ国際機構の三政府レベルへと「多元・重層化」していきます。つまり《分節政治》の展開です。この五レベルをつらぬく市民の思考方法としての政策・制度型思考の自立がはじまり、ついでこの思考への習熟が市民の課題となります。

しかし、なお、「公共文化」としての《市民文化》が未熟のため、都市型社会にはいった今日も、「私文化」同調としての大衆文化にとどまり、市民レベルにおける政治成熟をめぐる政策・制度型思考への日常誘因を欠いています。

この「私文化」は、ムラの解体がはじまる明治国家の成立以降、とくに戦前知識人の「自我」「内面」、「教養」「哲学」から「思想」「精神」、また「私小説」にいたる言葉に象徴されるように、さらに戦後ではこれらがマス化されて、「マイホーム」「消費」さらには「大衆文化」などという言葉に変わりますが、いずれも同じく、官治政治のもとでの、社会に開かれた窓のない、閉ざされた「私文化」です。この「私文化」はハイブローにみえても、《政策・制度》の改革に未熟という、市民型の公共誘因のない政治小児病症候群といってよいでしょう。

「鬼は外、福は内」がこの《私文化》の構造です。日本近代におけるムラ＋官僚という政治のシクミのもとにおける「私」の充足感・幸福感を中核におく文化型です。「外」にたいしては、自治・共和つまり〈公共〉の文脈をかたちづくる発想と能力を欠いています。日常は交通法をめぐるような脱法・違法をかさねていますが、危機ともなれば個人は「国家」、つまり幻影としてのオカミにたよりきることになります。

日本の「私」は、「公」にたいしてタテに従属あるいは対立する、近代国家成立期以来の〈国家対個人〉という思考惰性に閉ざされています。「私」がヨコに「公」を構成する「社会契約」型の〈自治・共和〉という、〈公共〉の政治文脈は成立していません。自治・共和とは、「福は内、外も福」という、市民のヨコの「相互性」を解決する市民みずからの政策・制度づくりではありませんか。この相互性が《市民倫理》の基本です。

もし、テレビ、雑誌グラビア、あるいは街角などで今日の文化が隆盛にみえるとしても、いわば幕藩制下の元禄文化と同型です。『市民文化は可能か』（一九八五年、岩波書店）では、この点について、官治政治のもとで個人が公共政治には未熟な「インテリア文化」と、個人が公共政治、つまり市民型手続・合意による政策・制度解決に習熟する自治・共和文脈をもつ「イクステリア文化」との対比としてのべました。日本での思想・理論もこのインテリアとしての「私文化」型にとどまります。選択・決断なき先送り、つまり公共責任の自覚なき私文化の持続が、日本の政治の頂点から底辺までの特性となります。

緑が少なく、電柱が乱立し、広告にあふれる日本の都市景観を、あらためて想起してください。いわば文化水準の中進国型貧しさが、そこにあります。日本の省庁がつくる法制の低水準にみあって、この地域景観には市民文化の未熟という私文化構造をみるべきでしょう。文化のカタチは、地域つまり都市・農村のカタチとして「見える」わけです。市民文化の成熟はそれゆえ、市民型の政策・制度によって美しい景観を造型します。

今日でも、《公共文化》としての市民文化は、ようやく市民活動の出発をみているとはいえ、拙著『転型期日本の政治と文化』第7論考で整理しましたが、日本のみじめな地域景観にみられるように未熟です。

それどころか、市民から行政まで、食品表示、耐震設計、企業会計など、市民生活の基本枠組をかたちづくる日常かつ基本の全域で、「手抜き」ついで脱法・違法の横行ではありませんか。一級建築士、公認会計士など資格職の専門責任も問い直されはじめています。医療崩壊も深刻です。

そのうえ、明治以来、西田幾多郎、和辻哲郎などをふくめ、知識人たちがつみあげてきた〈日本文化論〉の独善性ないし幻想性も、今日のみじめな地域景観をみるだけで誰もが理解できます。また、自然は緑、水から岩山、砂漠まで、どこの国でもそれぞれの個性ある美しさをもつので、日本の自然だけが美しいと思いこむのも、日本における思考の頽廃を意味します。

日本での理論研究も、研究室中心の「実証研究」という名の、「私研究」型の実績づくりにとどまりがちです。日本の理論家は、市民レベルから政府レベルまでの「開かれた」共通経験をふまえる情報共有、課題共有、ついでこれをささえる考え方の〈市民性〉を欠如しがちなため、「転型期」といわれる今日も、時代の急務である《政策・制度》の大改革への指向、さらにそのための政治熟度も、まだほとんどもちえていないといってよいでしょう。市民型知性による政策・制度の革新をたえずつづけていくという、公共文化としての公開性・討議性の未熟もそこにひろがっています。

この「私研究」にともなう資料ないし情報の研究室型独占については、情報公開のルールづくりを前提に、ITなどでのネット化による共有もはかられていますが、私は資料の共有のための収集・整理・伝達は不可欠とたえず考えてきました。本書巻末の著述目録にものせましたが、前述した『資料・革新自治体』をはじめ、年鑑型の資料集などの企画や実務にもたずさわってきました。情報公開手法の画期をなす、一九七三年からはじまり、今日もつづく武蔵野市『地域生活環境指標地図』集の開発へのかかわりもここからきます。今日のITによるマッピングのさきがけです。「情報なくして参加なし」は、日常生活、ついで市民活動から、ひろく政治はもちろん、理論・研究レベルにおいても、《公共》をかたちづくる基本と考えます。

また、自治体レベルの政治・行政を国からの「機関委任事務」を中軸とした「国法の支配」とみなして、独自の政策・制度開発を「考えない職員」にとどまるように、明治以来強制されてきた自治体職員の再生をめざした

「自治体学会」が一九八六年に、また学者型思考イコール実証型思考という迷信を打破しながら、政策・制度開発をめざす社会各層による学際研究の「日本公共政策学会」が一九九六年に出発しますが、以上のような考え方から、私もそれぞれの創立に参画いたします。旧来のアカデミズムとは異なった「実学」のかたちが、ようやく日本でもアクチュアルになりはじめるとみています。

二〇〇〇年代では、日本でも〈現場〉経験をもつ専門家あるいは政治家やジャーナリストが大学教授になることは当然となりました。さきほど都市プランナーの田村明さん、弁護士の五十嵐敬喜さんを法政大学法学部政治学科におよびしたとのべましたが、また、それぞれ個性の異なるすぐれたジャーナリストの山本満、内田健三、石川眞澄さんなども、従来の大学教授リクルート・スタイルをきりかえておまねきしました。学生諸君ももちろん歓迎でした。このような法学部系学科の「実学」型へのカリキュラムの再編は、さきがけておこないましたが、今日ではひろく各大学でも定着したようです。

日本の社会理論の翻訳性、抽象性からの脱却の基本はまず大学人事にあると、私はかねがね考えていました。社会理論を「実学」型に変えるという「方法意識」が不可欠でした。このような改革は法政大学の政治学科のリベラルな雰囲気のなかで実現しえたという意味で、かつての同僚に私は感謝しています。

私自身、現実の課題や争点をめぐっては、長年、市民活動の方々、あるいはジャーナリストや、自治体、国の政治家、行政当事者などの方々と議論をかさねてきました。また、一九六〇年代、月一回、当時は上昇期だった『朝日ジャーナル』編集部による「二火会」で、さまざまな方々との時務をめぐる議論もなつかしく思いだされます。とくに、編集長にもなられた高津幸男さんのジャーナリズム感覚に敬服していました。

そのほか、理論フロンティアにようやくなってきた法務・財務、ついでこれをふくめてひろく政策・制度開発という新領域の開拓には、今日もつづいているのですが、東京多摩地区の自治体職員との課題・情報共有による、三〇年近くにわたる研究会での討論があります。前述のように、大学の人事やカリキュラムも変わってきましたから、このなかにはすでに大学の教授や講師になった方々もいらっしゃいます。

生活の場である地域から私たち市民の目線でみるとき、自治体、国、国際機構のそれぞれの隠されてきた実態と問題点が、政策・制度、また文化・理論の各領域をめぐって、明治以来のいわゆる理論家、ことに国主導を想定しつづけてきた近代化知識人が想像もしなかったかたちで、きびしくうかびあがってくることに、とくに留意したいと思います。

4　政策型思考の問題構成

政策型思考の重要性・緊急性に私が気づいたのは、二〇〇〇年前後の「日本転型」をめぐる、いわゆる構造改革とは課題が一八〇度異なっていましたが、一九六〇年前後の「構造改革」論争でした。「冷戦」の発火点としての朝鮮戦争、しかも敗戦による国富の喪失もくわわって、暗い一九五〇年代、日本はまだ中進国段階の入口にあるため、「経済成長」をめざして低賃金による資本の強蓄積政策をとる自民党の「治安政策」、他方では「護憲」をかかげながらも実質労働組合を想定して教条化していた革新系の「階級闘争」との対立が、当時の支配的理論状況でした。

この保守・革新系双方の既成理論にたいする二正面作戦を、ごく少数の知識人にとどまるのですが、当時の構造改革派はとっていきます。この構造改革派の特性は「階級闘争」の教条信仰にかわって、「民主的多数派」の結集をめざした「政策構想」の提起にありました。私もくわわったこの構造改革派は、一九六〇年代のはじめ、江田三郎派というかたちで、社会党の一角に少数ながら一時拠点をもちます。

この構造改革派は、江田派など社会党のなかの少数派、あるいは共産党からのごくかぎられた脱党派などをこえてひろがりをもつものの、理論家中心にとどまり、政治党派あるいは理論党派としてのまとまりはなかったといえます。

構造改革派は、日本の中進国状況をふまえて、当時の用語法をつかえば、「資本家階級 対 労働者階級」に想定された近代化Ⅱ型段階（図1-1・本書二二頁）の〈階級闘争〉という発想を基軸に、ブルジョア民主主義 対 プロレタリア民主主義という設定をもつ旧保守・旧革新双方にたいして二正面作戦をとる、いわばニュー・レフトでした。そこでは、〈普遍市民政治原理〉としての「一般民主主義」を共通理解としていたため、のちに市民派ともみなされます。そのとき、自民党にも護憲による経済成長をめざして、「構造政策」をかかげるニュー・ライトへの転進をはかっていく理論派も登場しはじめていました。このため、状況構造としては、ニュー・レフトとニュー・ライトとは暗黙の対応をしていたことになります。この点については、前掲拙著『戦後政党の発想と文脈』で、当時の政党配置・思想状況をふくめてのべています。

「自治体改革」という発想は、この旧保守・旧革新双方の「資本」対「労働」という階級の二元・対立を基軸とした当時の既成理論にたいして、日本で未開の問題領域としての「地域」「自治体」の提示となります。「自治体改革」という言葉自体も、私はこの構造改革という言葉からヒントをえて、一九六〇年に造語しました。

当時、冷戦が終わりに近づいて、中進国のイタリア共産党のトリアッチ路線からはじまるのですが、中・先進国間で国際的ひろがりをもっていくこの構造改革スタイルの運動・理論のなかで、この《自治体改革》という問題設定は構造改革論の日本型独自性をかたちづくっていきました。飛鳥田一雄横浜市長など、社会党国会議員が自治体首長に立候補していく背景もこの自治体改革論にあります。

日本の都市型社会への移行にともなう市民活動の登場を背景に、自治体改革論は一九六一年から「社会党運動方針」にもりこまれ、〈革新自治体〉の誕生を主導したのでした（前掲革新市長会編『資料・革新自治体』正・続参照）。ここに、一九六三年の統一自治体選挙から七〇年代までつづく「革新自治体」の時代がはじまります。

これにくわえて、アクチュアルでかつプラグマティックな市民の社会工学的思考方法が、一九世紀型の「真理」ないし「科学」を原型とする発想に代わって、不可欠となっていくという予感を、私はもちます。「知的生産性の現代的課題」（『展望』一九六五年七月号）、ついで『現代政治学』（一九六八年、東京大学出版会）でもこの予感を強調していきます。だが、まだ「政策科学」という言葉に私はとらわれていました。今日では「政策研究」などという幅広く、柔らかい問題設定が一般的となっていますが、当時の私は「実証科学」ついで「法則科学」にたいして「政策科学」の自立が急務、という考え方をとっていました。

一九九一年、六〇歳をすぎてようやく『政策型思考と政治』（東京大学出版会）を書くことができます。この本は、古くからの東の『孫子』、西のマキャヴェリ、また近代のクラウゼヴィッツといったような、政治をめぐる「知恵」、ついで「闘争論理」としての戦略・戦術思考の古典伝統をふまえるとともに、都市型社会における市民の政策・制度型思考をめぐって、その自立と習熟の不可欠性を基調においています。

同書では、このような考え方から、市民みずから、地域レベルから地球レベルまで、政策・制度の策定・実現主体として成熟していくという視座と条件を、整理しました。このため、同書は市民を起点とした新しい文法をもつ現代政治学概論になっているはずです。

私が政策型思考に直接関心をもったのは前述した三〇歳前後の構造改革論争をめぐってでしたが、さらにそれ以前、二〇歳代の助手のころ、第一に、ラスウェルのブックレット名に「ポリシー・サイエンス」という言葉を発見して、ラスウェル自身には私は批判的だったにもかかわらず、その後この言葉が記憶にながくのこるとともに、第二には、マンハイムの邦訳名『変革期における人間と社会』（英語版一九四〇年、初版ドイツ語版は一九三五年）の影響でした。

マンハイムについては、ドイツ語系の発想による『政治学は学として可能か』『イデオロギーとユートピア』などというような〈知識社会学〉で今日も著名です。しかし、イギリス亡命後のマンハイムの新版では、別人かと思われるほど、私からみて思考方法の転換がおきていました。いわゆる「観念論」のドイツ語系と「経験論」のイギリス語系のセンスないし問題構成の変化が、そこに歴然としていました。

だが、日本の戦後理論家で、このマンハイムの計画論ないし《政策論》をたかく評価する理論家は、私は寡聞にして知りません。市民としてアクチュアルな政策・制度を開発するという問題意識が、日本の理論家のなかでは成熟していないため、マンハイムのこの著作は理解されず、忘れられてしまっているのでしょう。

そのほか、若き日の私の政策・制度型思考に影響をあたえた人々としては、一九五〇年代にはまだ日本であまり知られていなかったのですが、ドイツ語系でアメリカにわたった経営学のドラッカー、またおなじくドイツ語系でイギリスの大学でも活躍した社会学者ダーレンドルフ、おなじくドイツ語系でアメリカで仕事をした政治学者フリードリッヒもあげたいと思います。

もちろん、本書第2論考でのべていますように、一九六〇年代から、私自身、日本における政治・行政の〈経験〉を基本として、《現代》の都市型社会における「政策・制度型思考」の外部条件・内部論理の一般理論の構築を模索していました。私なりに、六〇歳前後にまとめた、一九九一年の『政策型思考と政治』がこれです。

私の政策型思考についての考え方は、それゆえ、数理モデルによる模型科学をめざす経済学系の公共政策論とは、そもそもの課題設定、ついで理論構成も異なっています。数理モデルによる考察については、問題を一時的に定型化・定量化、つまり「条件純化」ができる特定〈局面〉での有効性をみとめます。しかし、実際のアクチュアルな状況では、ミクロ・マクロをふくめて、いずれの局面も、政治はたえず「条件複合」する〈全体〉ですから、条件純化をふまえる数理モデルにはのらない、しかも不完全情報による〈予測・調整〉をめざし、動機も「状況」のなかでたえず複合する「決断」という、政治責任をともなった思考の緊張が主題となります。

この点では、バブル期、政治責任をともなわないシンクタンクなどがおしすすめてきた、時代の偏見を増幅するだけの動向予測、またヨコナラビで流行の政策提言、いいなおせば政策の商品化が、数理モデルの外装のもとに、いかに国費や自治体予算のムダヅカイを誘発してきたかを、想起していただきたいと思います。

政治の現実では、理論家のいう「最適選択」も幻想にすぎませんし、「合理的選択」という発想なども図式にとどまります。実際の政治選択では、《現場》の組織体質をふまえ、かつ多様な争点をくみあわせながら、①政策公準、②政策情報の二軸による事前検証の緊張のなかで（**図2-1**[2]・本書一三三頁）、当事者は〈不完全情報〉による、暗中飛躍としての、しかも短期・長期でそれぞれ異なる評価と責任をともなう、たえざる〈決断〉をせまられます。

当然ながら、政治決定の当事者である決断者の「結果責任」は、**図2-2**（本書一三四頁）にみる「政策過程・制度決定」のシクミのなかで、政治としての〈予測・調整〉をめぐってたえず問われます。政治は、科学ではなく、知恵による「構想」のレベル、真理ではなく合意による「選択」のレベルで、はじめて作動するというべきでしょう。「結果責任」とは、実質は「予測・調整責任」なのです。

従来のような「国家」観念を中軸におき、そこに擬人化される「権力」、ついで「支配」あるいは「統治」を〈実体〉化して想定する既成発想とは異なって、私が政治について、《微分状況》としては市民個人ないし政治家個人の決断をともなうミクロの「構想と選択」つまり「予測と調整」をふまえた「組織と制御」の技術とみなし、自治体、国、国際機構各レベルの政府における政治をそのマクロの《積分状況》と位置づける理由です（くわしくは拙著『現代政治の基礎理論』第1章「政治」、第4章「権力」、一九九五年、東京大学出版会参照）。

〔a〕政策型思考の自立と特性

戦前、ドイツ新カント派特有の方法論の影響をうけて、日本での政策は科学ないし理論の「応用」と位置づけられ、たとえば応用経済学あるいは応用物理学、応用化学というような言葉がみられました。政策の開発・実現というレベルにたいして、科学ないし理論を一段とたかい純理のレベルと考えていたのです。政策は「高貴」な科学ないし理論に従属した「世俗」の実務にすぎないという考え方です。この考え方が戦後も、後述のような問題点をもつ安易な「理論・科学」崇拝となってのこります。

もちろん大学の講義には、戦前から戦後にかけて社会政策論、経済政策論、農業政策論などといった講座もありました。だが、いずれも個別政策についての「歴史研究」で、「いかに政策をつくるか」という政策の〈つくり方〉という実務（プラクシス）の論理は「不在」だったのです。学者自体が政策作成の「経験」を日本ではいまだもたなかったため、あるいは御用審議会委員にとどまりがちだったため、政策づくりという問題意識をもっていなかったからでした。

この政策づくりが官僚の〈秘術〉ないし「絶対・無謬」という国家観念から解放されるだけでなく、現実の政策・制度自体の官治・集権性、これにともなう国法の時代錯誤性が明確になるのは、一九六〇年代以降の《市民活動》の「経験」の蓄積がはじまってからでした。この一九六〇年代から、私自身も〈市民の学〉としての政策・制度論を、日本で設定しはじめていくわけです。二〇〇〇年代ともなれば、「政策研究」ないし「公共政策」は新設の大学学部、社会人入学の大学院の流行にすらなってきました。今昔の感があります。

とくに戦前から戦後にかけて、ウェーバーなどを主役とするドイツ社会政策学会での、政策についての不毛な〈客観性〉理論が日本に紹介され、ますます、政策型思考の《日常性》《実務性》《選択性》についての認識を、日本の理論家はうしなっていきます。日本の理論の不毛性さらに翻訳性については、私が一九六五年に「知的生産性の現代的課題」（『展望』七月号、本書第2論考参照）を書き、「政策知識人」という言葉を造語して、ひろく政策理論の新形成を提起した理由がここにあります。私の前述の『政策型思考と政治』は、政策づくりの《日常性》《実務性》《選択性》からの出発となっています。

とくに、政治では、実証・検証の科学型思考はつねに、①「不完全情報」にとどまるだけでなく、②政策・制度型思考にとっては〈情報〉のレベルにとどまるため、科学型思考と政策・制度型思考とは思考の型が異なることを考える必要があります（拙著『政策型思考と政治』一〇七頁、また本書図2－4・一三六頁）。そのとき、《理論》は、問題解決をめぐる〈政策・制度〉の「開発」と、不完全情報の整理・公開による事前・事後の「実証・検証」との双方を主導する思考枠組、いわば構想としてのパラダイムという位置づけとなります。

逆にいいますと、政策・制度型思考では、つねに不完全にとどまる情報とは区別される次元での、日々の生活・実務・政治の〈現場〉における《直接経験》が基点となります。研究室型の研究や調査は、社会理論では間接経験にとどまるわけです。ついで、この直接経験のなかからでてくる「現実課題」の《解決》をめざした「政策・制度」の模索のなかで、情報の整理・公開、ついでパラダイムの転換、つまり〈予測と調整〉〈組織と制御〉のための「理論」が、たえず新たに、再構築されていくという関係になります。政治をめぐる思考訓練は、こうして政策・制度、実証・検証、理論・構想の三レベルで「役に立つ」わけです。

また、なぜ私が政策を制度と関連させるのか、その理由は、政策は「夢」「願望」ないし「作文」にすぎないところからきます。政策が実効性をもつためには、とくに公共政策についてははっきりするように、**図2-2**「政策過程・制度決定模型」（本書一三四頁）のような手続で公開・討議され、法務・財務つまり立法（→法務）・予算（→財務）という、代表機構の合意による制度化が政府をはじめ、あらゆる団体・企業をふくめ、不可欠だからです。この意味で、これまで官僚に独占されていた、社会の組織手法としての法務・財務、つまりシクミづくりとカネづくりをめぐる〈制度化〉に熟達しなければ、市民の政策も作文どまりで終わるのではありませんか。

なお、「政策の論理」については、本書第2論考「公共政策づくりにとりくむ」であらためてのべます。

[b] 政策主体の多元化・重層化

この論点は《市民政治》段階での〈分節政治〉につながるのですが、都市型社会における政治主体の多元化・重層化は、同時にこの政策・制度を開発・実現する主体の多元化・重層化を意味します。従来の近代化Ⅰ型、Ⅱ

型、Ⅲ型の段階（図1－1・本書二二頁）では、過渡的に「国家」つまり官僚主導の政策・制度の開発・実現が想定されてきました。だが、都市型社会が成熟するとき、図1－8（本書六六頁）にみたように、状況構造は一変して分権化・国際化し、先進国から〈市場原理〉をふまえた多元・重層の市民政治に移行しはじめます。

一九世紀には名望家政治としての議会の熟度がたかかった先進国英米でも、二〇世紀には近代化Ⅲ型に対応するため官僚組織がつくられますが、かつてのフランス、ドイツまた日本、ロシアなどをふくめ当時の中・後発国では、近代化Ⅰ・Ⅱ・Ⅲ型の各段階をとおして官僚主導となり、「国家」の名で官僚は神秘化されて、政策・制度の唯一の発生源とみなされました。もちろん、後発国では、今日もⅠ型政策としての国家つまり官僚組織の構築が、周知のように、最初の基本課題となっています。

だが、先進国でも、デモクラシーが第一次大戦、とくに第二次大戦以降うたわれるようになったにもかかわらず、とくに近代化Ⅲ型課題に対応して官僚主導の政官業既得権複合が、ウェーバーの中進国型官僚組織モデルの広汎な受容にみられるようにつづきます。政治学はいずれの国を問わず、米欧をふくめて、市民活動が活性化する二〇世紀後半まで、官僚統治をめぐる国家神学でありつづけました。

そのうえ、日本の憲法学・行政法学は、官僚法学、講壇法学というかたちで、この「国家神学」という理論特性を誇示していました。明治憲法段階の憲法学の総括となる美濃部達吉・佐々木惣一の理論系譜がそれで、『日本国憲法』の戦後もうけつがれ、とくに憲法学は憲法を《国家統治》の基本法と明示・黙示を問わず無邪気に考えていたのです。

人権・平和についての個別成果をもつにもかかわらず、二〇〇〇年代にはいった今日も、ほとんどの憲法学教科書の基本構成は、国家統治を批判したのちも、明示・黙示の基軸としているため、戦前と理論構成のシクミは変わっておりません。国の政府のことを、今日も憲法学者がほぼこぞって「統治機構」といっているのは、このためです。憲法本来の《市民自治》の基本法という発想は、戦後五〇年余をへて《市民政治》段階にうつるべき二〇〇〇年代でも、日本では未熟です。この法学の問題性への批判に、本書第1論考1、2、3にみた私の市民政治理論、都市型社会理論、自治体理論の提起がつながっています。

国家は《近代化》つまり工業化・民主化による農村型社会から都市型社会への移行の「過渡媒体」にすぎないと私はくりかえしのべています。この「国家」つまり官僚主導による近代化が成熟して「都市型社会」が成立する二〇世紀後半、市民活動の群生・自立がはじまり、先進国米欧から《市民政治》段階にはいるとき、この数百年の間、カリスマ性をもって、近代化Ⅰ・Ⅱ・Ⅲ型政策を担っていた国家という観念は崩壊します。

都市型社会では、政府は自治体、国、国際機構に三分化するとともに、市民活動、団体・企業の文化・専門水準、また情報・政策水準が省庁官僚ないし自治体職員、つまり行政機構よりもたかくなりはじめ、「行政の劣化」を露呈することになります。

そこでは、いわゆるNGO、またNPOをもふくむのですが、

Ⅰ　市民活動＝地域・国・地球の各規模で無限大
Ⅱ　団体・企業＝地域・国・地球の各規模で無限大

となり、政治・行政も、当然、自治体、国、国際機構をめぐって「分権化・国際化」していきます。この事態に、国の官僚による情報独占をうちやぶるITが、問題をはらみつつも、さらに拍車をかけます。

近代化をめぐって過渡的に絶対・無謬とみなされた国家観念はここで崩壊し、都市型社会ではかつて国家観念

によって聖化されていた特権官僚はもちろん、自治体をふくめて、公務員の「犯罪」の日常化・制度化としての構造汚職だけでなく、行政劣化、とくにその考え方の時代錯誤性がたえずあきらかになります。王様だけでなく、官僚ないし行政機構も裸だったのです。ここから、あらためて自治体、国の各レベルで、さらに国際機構レベルをふくめて、市民活動それ自体の主導、ついで市民型政治家による政治ついで行政の再生が要請されます。

日本でみれば、一九八〇年代からのバブルの失政、ついでその崩壊過程で顕在化したのですが、日本経済の中進国型から先進国型への転換のたちおくれとあいまって、二〇〇〇年前後には自治体、国ともに財源破綻になるのも、各政府レベルの多くの政治家の未熟・無能だけでなく、とくに特権官僚ないし行政機構が担ってきた官治・集権型既成政策・制度の劣化によっています。

だが、ようやく、二〇〇〇年の《分権改革》とあいまって、多くの市町村、県がそれぞれ、自治体政策基準ないし自治立法を独自に開発・実現する政府として、今後成熟していきます。さらに数十の国際専門機構それぞれが世界政策基準ないし国際立法をおしすすめ、国、自治体の政策・制度とむすびついていきます。「分権化・国際化」は相互に緊張する時代の要請となります（**図1-7**・本書六四頁）。

つまり、近代国家の統一官僚組織は終わり、官僚組織も分権化によって自治体レベルでは自治体単位で自立し、国際化によって国際機構レベルでは官僚組織が新しく組織されます。市民、団体・企業とのネットワークをともないながら、地域・国・世界の各レベルそれぞれで、官僚組織自体の多元・重層化がおきていきます。私がウェーバーの「国家」官僚組織モデルは、今日からみて後・中進国モデルにとどまり、先進国ではその再編が必要という理由です（前掲拙著『政策型思考と政治』一二章）。

政策の開発・実現は、これまで考えられてきたような国レベルの官僚の統治秘儀ではなく、市民が各政府レベ

図1−9　公共政策と政府政策

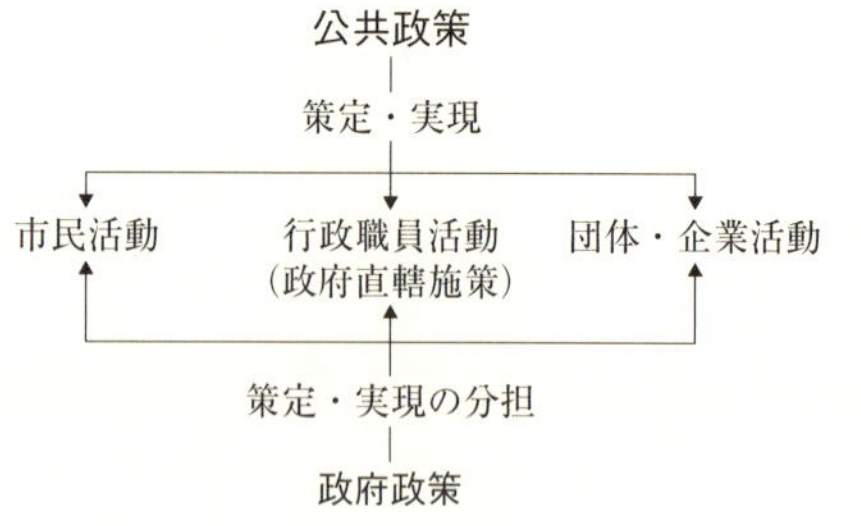

ルでみずから習熟する社会の《予測・調整》をめぐる社会工学技術となっていきます。国の省庁官僚を美化していた絶対・無謬の「国家主権」、「国家理性」、「国家利益」といった実態のない空語としての神秘用語も不用となります。政策・制度の発生源が多元・重層化する分節政治になれば、これらの神秘用語は可変・可謬の「国」の政府責任あるいは政府課題とよべばよいため、もう不必要ではありませんか。ことに**図1−1**（本書二一頁）にみた「市民政治」段階に移行すれば、市民が〈信託〉、つまり市民世論・市民活動、ついで選挙・納税というかたちで、多元・重層の政治ないし各レベルの政府を《組織・制御》するようになっていきます。

　そのとき、自治体、国、国際機構を問わず、それぞれの「政府政策」は「公共政策」を独占できないこともあらためて強調すべきでしょう。公共政策は**図1−9**のように、市民活動、団体・企業によっても担われ、自治体、国、国際機構という三レベルの政府政策は、いずれも公共政策の特定局面を担うにとどまるからです。多元・重層の分節政治となる都市型社会では、各レベルの政府は全能ではなく、それぞれの基本法によってかぎられた政府課題に対応して、政府責任が問われるのです。さらに、その政府政策の策定・実現も、また**図1−9**のように、市民、団体・企業によって分担されます。

　いわゆる「国境」をこえるこの都市型社会では、たしかに地球規模でのテロ、犯罪などの「国際化」もすすみます。だが、同時に、市民活動、団体・企業も地球規模で「国際化」し、それぞれが政治主体として、独自の国際政策をみずから策定し、外交もすすめます。

自治体も政府として自治体課題に対応した国際政策をもち、自治体外交を担っていきます。外交は「国家の専権」という明治国家にみられたような考え方を批判したのが、拙稿「自治体の国際政策」（拙編『自治体の国際政策』一九八八年、学陽書房、前掲拙著『現代政治の基礎理論』所収）でした。この論考は当時すでに日本の自治体がとりくみはじめているという現実をふまえて、国際政策ないし外交の多元・重層展開という新しい問題状況を理論化するパイオニア・ワークとなります。

今日では、このような自治体をめぐる国際関係理論の再構築は、市民活動、団体・企業の国際政策ないし外交の展開とあいまって、常識となってしまいました。そのとき、自治体での国際担当職員の配置も当然となり、今日では必要に応じてひろく、自治体に国際室、あるいは外国都市での自治体分室の設置となります。

〔C〕 政官業複合の政策構造

ここで注目すべきは、地域規模から地球規模にいたる、

① 社会分業の深化、市民情報流の加速による市民の文化・専門水準の上昇

② 情報テクノロジーの変革がつくりだした情報伝達における公開性・討議性の拡大

によって、ひろく市民は「無知・蒙昧」の民ではなくなっていくことです。ことにＩＴによって、政治家、官僚間の閉鎖空間よりも、市民相互間の〈市民情報流〉は、プラス／マイナスの問題性が交錯するにしても、より早く、より豊かになりつつあります。都市型社会では教養・余暇の基礎条件もシビル・ミニマムとして制度保障されていきますが、『日本国憲法』二五条の「健康で文化的な最低限度」の生活保障には、〈安全・安心〉をふくむ

生活条件をはじめ、文化・情報についての社会装置（社会資本）もふくみます。

とりわけ、バブルの一九八〇年代以降には、国、自治体を問わず、既得権をめぐる政官業複合の肥大、またその腐蝕の加速とあいまって、各行政組織の本体だけでなく、官僚天下りを媒介とした膨大な特別会計ないし外郭組織をふくめて、

① 構造汚職の多発

② 行政劣化の露呈

というかたちで、絶対・無謬と想定されてきた行政組織の威信が急落しました。

二〇〇〇年代ともなれば、市民の文化・情報水準、ついで専門・政策水準の上昇もあって、かつては官僚中の官僚といわれたのですが、実際にはコゲツキ度をふくめた国の借金の総額すら把握できていない財務省（旧大蔵省）はもちろん、今日の総務省をはじめとして、省庁は社会の急速な変化に追いつけないため時代錯誤となるだけでなく、「先送り」ないしは「不作為」というナマケモノとなり、自己革新にもとりくめなくなっています。

このため、各省庁、また警察・自衛隊、あるいは司法官僚をふくめ、さらにいまだ官僚が占領する内閣官房まで、行政の劣化、とくに政策立案水準の低下という問題がひろがります。なかでも、戦前の特権的行動様式をもちつづけてきた外務省も、予算・外国援助費の乱用からはじまり、人事の閉鎖性、視野の独善性からくる交渉能力の未熟までが問題となり、世襲優遇といわれてきた外交官試験の廃止だけでなく、外務省自体の再編が問われはじめます。また、汚職体質の顕著な社会保険庁、防衛施設庁などは、実質どこまですすむかはわかりませんが、すでにその解体が日程にのぼります。事実、省庁という「泥舟」から逃げだす官僚もでています。

戦前以来の〈官僚内閣制〉の基軸をなし、《国家》を自称・分担した省庁官僚組織は、今日、さらなる分権改

革ついで国会・内閣改革、省庁再編、また公務員制度改革あるいは司法改革、くわえて膨大な規制あるいは外郭組織の整理・廃止をともなうかたちで、持続する改革が不可欠となっています。官僚の保守的抵抗がつづきますが、ようやく、明治以来つづく官僚組織の再構築という課題が誰の目にもあきらかとなってきました。

そこには、また、国、自治体、ついで、その外郭組織をふくめ、GDPの一・五倍の累積債務とその利払い、このため、一時、国の年次予算では、その半分が税収、半分が国債となって、「国家破産」状況すら出現したわけです。国債の国際格付け低下も、その評価の適否は別としてはじまっています。それに景気が回復すれば利率が上がって、超絶した国、自治体それぞれの借金は雪ダルマ式にふくらみます。敗戦時の間接占領統治もあって、戦前の支配層をひきついで再編された、官僚組織を中核とする、戦後五〇年余の政官業そして学の複合の破綻が、とくに国、自治体の財政を担った旧大蔵・旧自治官僚の無責任とあいまって、二〇〇〇年代の日本でおきているのです。

この点では、「官僚内閣制」（拙著『政治・行政の考え方』一九九八年、岩波新書）と名づけましたが、首相官邸をはじめ、官僚中枢と内閣さらに国会を構成する政治家との関係、また法務官僚、財務官僚あるいは警察官僚などについても、新藤宗幸さんが『技術官僚』（二〇〇二年、岩波新書）で公共事業と技術官僚の関係について先例をしめしたような、官僚の生態・病理研究も不可欠です。このような理論研究は、また同時に情報公開でもあるのです。官僚の生態・病理をふまえないかぎり、官僚組織再編のための診断・処方、つまり日本の中進国型官僚組織の先進国型への再構築はできません。

また、公務員数の国際比較では少なくみえましたが、国税庁調査によれば、実質は、国、自治体をふくめ、その外郭組織には天下り官僚をはじめとするほぼ同数の職員がおり、国、自治体の権限・財源さらに「財投系資金」に寄生してきました。このような事態が、今日では、さらに国家・官僚神話の崩壊を加速しています。

市民レベルでも、戦後、五五年政党配置といわれた自民党単独支配を中核とする既成政党支持のワクがくずれはじめ、あらためて自治体、国を問わず各政府レベルの政治家、ついで行政機構・官僚組織、さらに外郭団体・圧力団体の無責任を市民が問いはじめていくことになります。

ムラ状況をきりくずす都市型社会の成立を背景に、ようやく加速度がついて、既成政党からの大量離脱が市民レベルでおきています。個人は餅状のムラ型から砂状のマス型になるのです。このマス化は、一時あるいは時折、政治サーカスという「劇場化」による幻惑デモクラシーをもたらしますが、長期にはこのマス化のなかから、市民活動のたえざる出発がはじまります。

とすれば、官治・集権型の官僚内閣制、これをささえる国、県、市町村各レベルの政官業複合からくるムラ型の協働、さらにマスコミによる同調をうみだす、日本の政治の構造変動が日程にのぼっていることになります。さしあたり、そこでは、国、ついで市町村、県の各政府レベルでの、劣化するとともに既得権まみれとなっている、しかも超絶した政府借金もあって、個別・具体の政策・制度全域の再編が不可欠の急務となっています。私が《日本再構築》あるいは《転型期日本》という理由です。

自治体レベルでみますと、中進国型だったのですが、右肩あがりの財源自然増を前提に、国基準としての通達・補助金によってナショナル・ミニマムの量充足をめざしてきた、行政とは「国法の執行」という時代は、すでに終わっています。二〇〇〇年分権改革は、国富のムダヅカイを拡大してきた国の、①全国画一、②省庁縦割、③時代錯誤という構造特性をひろくもつ個別政策ないし国法を整理して、①地域個性、②地域総合、③地域先導をはかる自治体独自の政策・制度責任による、シビル・ミニマムの「量充足」から「質整備」への転換を、あらためてめざすことになります。

だが、そこでは、高成長期ついでバブル期にできあがった行政の水膨れ体質の改革こそがさしあたりの急務です。つまり、二〇〇〇年代の財源危機とあいまって、これまで安易に水膨れしてきた政策・組織・職員の再編、つまりスクラップ・アンド・ビルドによる行政縮小時代にはいってきました。旧来の各省縦割による通達・補助金、さらに旧自治省の地域整備総合事業債という借金誘導、またデフレ期の減税にともなう借金強制といった時代は、国・自治体をふくめた財務危機によって終わります。省庁ないし自治体のムダヅカイがみずから墓穴を掘ったのです（拙著『転型期日本の政治と文化』第6論考に詳述）。問題は「小さな政府か、大きな政府か」ではなく、今日の行政のムダないし水膨れ体質をどうするかにあります。

日本経済はすでに先進国状況にはいっているため、成長率はよくて三%にとどまります。のみならず、低成長、人口減、さらには高齢化による税収減もすすみますから、膨大な借金返済、さらに高齢自治体職員の人件費増大、退職金危機などをともないながら、国とおなじく自治体の財源縮小・緊迫となります。もし、財源のゆとりがでれば、ふくれあがった借金を減らして財務指標の健全化につかうことになります。でなければ、前述したように、利率が上がれば借金は雪ダルマ式の拡大となるのを覚悟しなければなりません。

そのスピードがあまりにも日本型でおそいのですが、すでに自治体、国をふくめて、職員減、その給与減、退職金減、また諸手当の整理・廃止など、高成長期、バブル期に、職員組合ともどもに、情報公開もなく、無責任にもつくりだした水膨れ行政体質の改革がはじまっていくのは当然です。国の財政は破綻状態ですから、国が救ってくれるだろうという、国についての全能性崇拝も終わっています。自治体も自治体という名にふさわしく、自治体政府としての誇りをもって、独自の財務責任を担わざるをえません。

以上が、国、自治体それぞれの責任明確化という二〇〇〇年分権改革の課題でした。この分権改革の課題については、前掲拙著『日本の自治・分権』、『自治体は変わるか』、また『自治体再構築』でまとめています。

日本の政治・行政の改革には、こうして、自治体、国を問わず、市民活動、さらにこれに対応しうる新しい市民型の政治家・政党がはじめてつくりだす、マス・デモクラシーの多元・重層化、つまり《分節政治》による改革拠点の多元・重層化が緊急になっているといってよいでしょう。経済老化・財政崩壊の危機をめぐる二〇〇〇年前後の緊急事態は、政治・行政、経済・財政、文化・理論をめぐる日本再構築という急務を明示しました。

このような問題状況にもかかわらず、二〇〇〇年代の今日、日本の理論家とくに政治学者がこの構造変動ないし日本再構築をめざした政策・制度改革の的確な構想を提起できなくなっています。いわば、日本の理論家ないし政治学者は政策・制度型思考に今日も習熟しえないという欠陥をさらしているというべきです。

この点では、高成長にともなう既得権肥大がつくりだした官僚中軸の政官業複合の定着にともなって、官僚型の気質・習性・発想の全般化が、若き日の学校教育からひろくみられることに留意すべきでしょう。政治家はもちろん、経営者をふくめ、また法曹、専門職、また評論家、ジャーナリスト、学者などのいわゆる知識層にも官僚型の気質・習性・発想のひろがりがみられます。この官僚型の思想・政治状況がうみだす政策・制度型思考の未熟を、知識人層の責任としても、市民がこれを問う必要があります。

二〇〇〇年代の日本再構築では、国家統治型の官僚内閣制の解体・再編が中核課題として問われていきます。つまり、市民活動ないし市民型政治家による自治・分権政治の展開、とくに国レベルでの官僚内閣制から国会内閣制への転換が急務といわなければなりません。

5　制度型思考の構造転換

制度型思考を旧来の法学思考からいかに自立させるかが、また私の課題となります。『日本国憲法』の戦後もつづく明治憲法型の官僚法学・講壇法学の官治・集権理論構成の転換が急務と提起したのは、一九七五年の拙著『市民自治の憲法理論』（岩波新書）でした。そこでは、国家統治型から市民自治型への制度パラダイムの転換を課題としていました。

当時、『日本国憲法』についても、憲法学の標準教科書では明示・黙示に国民主権を空洞化する「国家統治」の基本法とみなし、行政法学の標準教科書は主権国民を「行政客体」と位置づけていたのです。戦後法学のこのような時代錯誤性にたいして、この考え方は一八〇度の転換が不可欠とのべたのです。

その後三〇年たった今日もなお、戦前以来の憲法学ついで行政法学の官治・集権理論が実質つづきます。些末な修正はみられるものの、都市型社会にふさわしい自治・分権型への全面再編をめざした法学理論は、法学者からはいまだあらわれていません。

既成法学は想像もしていなかったのですが、日本は都市型社会にはいってきたため市民活動が起動力となって、一九九〇年代には、分権化・国際化、あるいは省庁再編・経済再生をめぐって、戦後改革でも変わらなかった明治以来の官治・集権法制を自治・分権法制に変えるという流れが加速しました。ついに『地方自治法』大改正にともなう二〇〇〇年分権改革をはじめ、〈法制大改革〉の時代をむかえたのです。また、自治体レベルでは、《法務》が《財務》とともに、国の省庁ならびに官僚法学・講壇法学から自立しはじめます。

私の政策法務へのとりくみは、一九七一年、七四年、住んでいました武蔵野市で、『地方自治法』での規定新設による自治体計画策定委員のときからです。子どもの遊び場増設をめざして空地の地主さんの固定資産税免除、また縦割行政をうちやぶって公園課を建設部ではなく市民部での設置、あるいは公民館からコミュニティ・センターへの転換、また、『緑化市民憲章』（条例）の制定への直接のかかわり、さらには有名となった日照権要綱裁判への間接のかかわり、などがありました（前掲拙著『自治体は変わるか』第6章「回想の武蔵野市計画」参照）。

つまり、〈現場〉からの出発でした。当時、計画策定委員として自治体の法務水準の未熟を痛感し、日本で最初となる、自治体計画での「法務職員」設置の提起をすでに一九七四年におこないます。武蔵野市では、この考え方がみのって、その後も駐車規制などの独自条例制定をはじめ、例規集とは別に行政内部準則を精査した『要綱集』の刊行につながっていきます。二〇〇五年四月には、自治法務室の設置となります。

当時、ようやく、各地の自治体は、官治・集権法制ないし官僚法学、講壇法学をのりこえて、福祉、都市、環境、また産業、外交、基地などで、国法の自治運用、あるいは自治立法としての条例の制定、また要綱・協定といった手法などをもちいて、政策法務への第一歩を、手さぐりでふみだした時期でした。そのころ、このような自治体における法務自立のはじまりにたいして、省庁官僚は「いつ〇〇市は独立国となったのか」という脅迫で、拒否反応をしめしていました。また、従来は考えられなかったのですが、自治体が国を訴えるという摂津訴訟、大牟田訴訟も起きます。

市町村、県、国の政府間調整もふくめて、政策法務はすでに一九六〇、七〇年代以降の蓄積をもちます。この政策法務の胎動期については、前述の『資料・革新自治体』（正・続）を参照ください。

とくに、都市型社会が成立する九〇年代、省庁の行政劣化が露呈しはじめたため、自治体はこの法務をめぐって方法的、理論的に数段飛躍することが急務となります。個別政策・制度づくりとしての「政策法務」ないし「自治体法務」には、二〇〇〇年分権改革以前にも、国法が後追いとなる情報公開条例、景観条例をはじめとして、すでにとりくみはじめています。

ここで、「政策法務」とは、自治体、国、国際機構いずれの政府レベルをふくめて、ひろく政策開発の「法制化」という、立法ないし法運用を意味します。この立法論・運用論中心の〈政策法務〉は、従来型の解釈論を中心とした〈訴訟法務〉とは視角が異なります。

これらの論点、また用語の創出・整理には、前掲拙著『市民自治の憲法理論』（一九七五年）をはじめ、日本法社会学会報告「市民型法意識と法社会学」（三〇周年記念・一九七八年、拙著『都市型社会の自治』一九八七年、日本評論社所収）、また「現代法と政策法務」（四〇周年記念・一九八八年）ついで日本行政学会報告「行政・行政学・行政法学」（一九九三年）〔後の二論考は拙著『現代政治の基礎理論』一九九五年、東京大学出版会所収〕でも提起しました。

一九八九年には、天野巡一、岡田行雄、加藤良重『政策法務と自治体』（日本評論社）が自治体職員によるパイオニア・ワークとなります。今日ではひろくつかわれているこの「政策法務」という言葉は、この本の刊行の前年、通常つかわれている「法務政策」の法務と政策をいれかえて、私が造語しています（天野巡一著『自治のかたち・法務のすがた』二〇〇四年、公人の友社）。最近では、「政策法学」という言葉もつかわれます。

自治体学会では、私の発案で一九九〇年、第四回大阪大会から「政策法務分科会」が常置されました。ここには、行政法学者の木佐茂男、鈴木庸夫さんらが出席され、その後、法務改革について先導性を発揮されます。

省庁の影響が強い県レベルはおくれていますが、先駆市に法務室、先駆町村会に法務センターが新設されるとともに、全国各地に自治体法務の多様な職員自主研究グループが育っています。また若い市民活動家も、政策法務の先覚者としての活躍がはじまっています。現在、自治体法務に重点をおき、旧来型の行政法学の講義をやめる自治体研修所もふえ、総務省系の自治大学校、市町村アカデミーすらこの「政策法務」の講座を設置します。旧来型の官僚法学、講壇法学では、自治体の課題を省庁が縦割に策定・所管する「国法の執行」とみなしてきたことは周知のとおりです。だが、自治体の行政さらに政治は、全国政策基準としての国法を尊重しかつ自由に運用しますが、もはや国法の執行ではありません。

今日では、自治体の「政治」・行政とは、市民ないし地域の必要・課題をめぐって、みずから策定した地域個性をもつ各自治体の政策・制度ないし自治体の長期・総合計画の実現となります。これまで、自治体には「政治」がなく行政のみで、その行政も「国法の執行」とみなされたのは、県、市町村での行政の基幹が「機関委任事務」方式という官治・集権型のトリックからなっていたためにすぎません。

この「機関委任事務」方式の廃止は、一九九七年、国会で拙著『市民自治の憲法理論』をふまえて質問した菅直人議員にこたえて、内閣法制局長官が、憲法六五条「行政権は内閣に属する」の行政権は、国の内閣の行政権にとどまり、知事、市町村長の行政権は「除く」と解釈転換をしたとき、決定的となったのです（拙著『政治・行政の考え方』一九九八年、岩波新書、菅直人『大臣』一九九八年、岩波新書も参照）。

この明治以来の官僚法学の解釈転換は、実質、憲法運用改正という意義をもったのです。市町村、県は国から自立した独自の立法権だけでなく、行政権をもつ政府という考え方に国ないし官僚法学も変わり、二〇〇〇年分権改革での機関委任事務方式の終わりとつらなっていきます。国からの機関委任事務の変形といわれがちの法定受託事務も、自治事務とともに、分権改革では「自治体事務」となります。

もちろん、多くの自治体が、福祉基準や橋の強度、建築の耐震度、また環境値などについてすべてを実験する必要はありませんから、自治体も参加しながらつくられる国基準は必要な領域では、国が策定します。自治体は、その独自課題領域では、この国基準をナショナル・ミニマムと位置づけ、地域個性をもつシビル・ミニマムをめぐって自由かつ責任ある政策・制度を独自につくればよいわけです。条例の自治立法、法律の自治運用というかたちでの、自治体みずからがつくる政策の「制度化」が、この政策法務の課題となります。

これまでの官治・集権型の官僚法学、講壇法学では、「絶対・無謬」の国法つまり法律にたいして、自治体法としての条例については、その限界がつねに強調されてきました。一九六〇、七〇年代、市民活動を背景に自治体の政策自立がはじまる頃から、国法にたいして条例による「上乗せ、横出し」が「許容」されるか否かが論点になった理由もここにあります。だが、この論点の組みたて方は基本においてまちがっていました。

政府としての自治体では、市民ないし地域での必要・課題を解決するため、本来、その独自課題領域での、政策・制度の独自開発をするのは当然です。ただ、全国基準が必要となる特定領域では、国法が全国基準としてつくられると考えるべきでした。ですから、自治体の課題は、「国法の執行」ではなく、各自治体の地域特性をいかした独自の政策・制度の実現です。国法にたいする「上乗せ、横出し」は、そのたんなる法手法にすぎません。

憲法九四条「法律の範囲内」で条例を制定できるという規定を、従来のように条例にたいする「制限原理」とみるか、ここでみたような政府間の「調整原理」とみるかによって、条例・法律関係の考え方ないし法務技術は一八〇度変わります。それゆえ、今後、自治体責任で、自治体間の法務格差は財政格差とともに拡大します。

ここで、あらためて、国法は、これまでの官僚法学、講壇法学が考えてきたように、「絶対・無謬」なのかが問題となります。次の論点を提起したいと思います。

Ⅰ　国法自体、日本だけでなく各国とも、①全国画一、②省庁縦割、③時代錯誤という構造欠陥をもちます。行政が国法の執行ないし枠内だとすると、自治体行政は従来のように全国画一、省庁縦割、時代錯誤になってしまうではありませんか。そのうえ、産廃規制や社会保障をふくめ多くの重大な課題領域で、官僚ないし行政職員はナマケモノのため、無責任にも〈現場〉にいかず、書面審査というアリバイづくりにとどまるだけでなく、さらには法制改革の先オクリもつづけてきました。このため、日本の国法は、国際基準からみても、たちおくれの著しい領域がひろがっています。国法自体が、二〇〇五年の耐震強度問題のような制度欠陥を数多くもちます。当然、自治体の政策法務は、条例の自治立法、国法の自治運用をおしすすめながら、①地域個性、②地域総合、③地域先導を活かす、自治体政府としての独自課題を担わざるをえません。

Ⅱ　今日の公共空間が国規模にかぎられず、地域規模に深まり、地球規模に拡がる都市型社会では、法は国法のみでは完結せず、政府の三分化とあいまって、条例という自治体法、国際立法による国際法へと三分化します。このため、自治体法務、国際法務もそれぞれ自立します。〈法の支配〉は、もはや国法の支配ではなく、この三法の緊張における、市民合意の透明性、公平性、可測性の要請に変わります。

都市型社会の今日、とくに二〇〇〇年分権改革をへて、日本の自治体では、明治以降の国法至上の考え方を抜本転換して、自治体法学の独自形成、ついで自治体法務を直接になう法務職員の熟達、自治体での法務室ないし法務センターの設置が急がれる理由がここにあります。

この地域特性をもつ自治体法務の課題領域は、国レベルの法務にとりくむ国会や内閣の法制局、ついで法務省また各省庁が、いわゆる権限さらに能力ももちえない領域です。そのうえ、自治体での政策法務の課題は、⑴条例の自治立法、⑵国法の自治運用、さらに⑶国法改革という、循環構造をもちます。このような課題をもつ「自治体法務」へのとりくみは、自治体の財源緊迫にともなう「自治体財務」へのとりくみとあいまって、日本の自治体が〈政府〉として成熟するには避けて通れません。

そのうえ、赤字累積にともなう個別施策のスクラップ・アンド・ビルドという自治体再構築をめざした、各自治体の政策・組織・職員の再編という財務問題そのものが、また法務問題となります。「自治体財務」とともに「自治体法務」は、すでに自治体に不可欠の新しい戦略領域です。

さらには、法務・財務なき政治・行政ついで政府はありえません。日本の政治学・行政学あるいは財政学もここを理解しないため、実務性を欠いて不毛となっているのです。

こうして、二〇〇〇年前後では、自治体法務というかたちで、日本の政策・制度開発に新転換がおきてきました。前掲拙著『転型期日本の政治と文化』第5論考「政策法務と自治体再構築」は、この新展開を整理しています。

[a] 都市型社会における法構造

ながいながい採取狩猟段階をへて、地球規模では定住農業に基礎をもつ五〇〇〇年、日本では二〇〇〇年という農村型社会の持続、ついで国家による「近代化」、さらに都市型社会の成立というかたちで、風土、歴史による地域不均等があるにもかかわらず、人間の歴史が変容していきます。

二〇世紀後半、都市型社会にはいった先進地域では、市民の生活条件が《工業化・民主化》という現代の普遍文明軸によってたえず変化するため、市民の考え方あるいはその規範意識もたえず変わります。都市型社会は、共同体・身分の慣習が持続する農村型社会とは異なって、〈永久革命〉という構造特性をもつ工業化・民主化が起動因となるため、社会変化のスピードが加速するからです。この変化のスピードに対応して法制改革をたえずおしすすめないかぎり、法制そのものがたえず時代錯誤の「悪法」になってしまいます。

もちろん、社会の組織・制御手法は各レベルの政府の〈法制〉だけではありません。農村型社会ではとくにムラの慣習が重要でしたが、都市型社会では〈世論〉、またかつては宗教だったのですが、今日では個人の〈良心〉つまり市民型心構えも、それぞれの文脈で、社会の組織・制御を担っています。そのとき、制裁として、法制の罰、世論からは恥、良心には罪という対応となります。ベネディクトが、日本の文化特性をムラ型の「恥の文化」とみたのは、農村型社会の一般論をのべるという意味でまちがいでした。とくに変化の速い都市型社会では、〈法制〉の比重が〈世論〉とともにたかくなるため、法制改革がたえざる課題となるわけです。

日本では、「官僚内閣制」による政治家主導の欠如、さらには市民の拮抗力の未熟のため、これまで、省庁官僚による行政決定は絶対・無謬と想定されるとともに、実質は、省庁官僚による既存の権限・財源の保守・拡大、また天下りのための外郭組織の肥大、官製談合の強制が、その無責任とともに、行政の習性となっていました。そのうえ、最近では、市民生活と直接かかわる建築基準のシクミ、産業廃棄物の規制から社会保障の制度改革にいたるまで、国の官僚、自治体職員はいわば「仕事をしたくない症候群」というべき事態におちいっています。日本の行政機構とくに官僚は、急務の法制改革ないし立法改革にとりくまず、問題解決の「先送り」、さらにはその場しのぎの無責任なアリバイづくりとしての「政官業ナレアイ」がつづきます。つまり、ナマケモノの〈不作為〉の恒常化となって、判決でも批判されはじめました。

その結果、都市型社会の成熟をみる今日、国の政策ないし法制の時代錯誤は日に日に著しくなっていくことになります。日本の政治・行政は自治・分権型の先進国状況への転換に失敗・挫折し、官治・集権型の中進国状況にいまだにとどまり、日本の衰退を予測させるといっても過言ではありません。

今後は、市民ないし政治家の主導によるたえざる立法による制度改革が不可欠となるだけでなく、決定をしないという「不作為」自体では行政の対市民紀律としても問題になります。すでにこの点での行政訴訟をめぐる適格条件について、法改正も不充分ながらおこなわれています。

二〇〇一年、ハンセン病問題で、省庁の不作為のみならず、国権の「最高機関」である国会つまり政治家の立法責任まで問う判決が最高裁からでて、画期的とみられる背景はここにあります。また、二〇〇四年の水俣病をめぐる最高裁判決でも、ようやく五〇年おくれで、この論点にせまったわけです。このような行政の劣化は、とくに二〇〇〇年前後から、外交をふくめて、あらゆる政治・行政領域で噴出し、批判にさらされます。

先進国型の変化の速い都市型社会への日本の移行と、政治・行政における後・中発国型の官治・集権体質がつづくために生ずる政策・制度の時代錯誤とのあいだの決定的なネジレが、二〇〇〇年代には、たんなる通常の個別立法改革ではなく、《日本再構築》をめざした〈法制大改革〉を急務とする理由です。事実、官僚天下りをめぐって、会計検査院の機能不全もあきらかとなり、国会でも公費がノミクイにつかわれているのです。

近代化を国家装置つまり官僚組織によって推進する後進国型国家統治をめざした明治以来の日本の法学、とくに国法優先の法段階説は、自治体法、国際法が自立する今日の都市型社会では当然ながら崩壊します。そこでは、(1)都市型社会での「生ける法」、つまり自治体法、国法、国際法の三レベルでのたえざる立法改革をうながす「新慣」が成立して、市民の「法意識」がつねに変わっていくからです。そのうえ、(2)社会変化のスピードも立法改革のスピードをこえて今後ますます速くなっていきます。立法改革は今日でも時代におくれておこなっていますが、社会変化の速度に対応しうる、たえざる、かつ大胆な、しかも先見性のある立法改革が不可欠です。この立法改革がないかぎり、政官業学の既得権とむすびついた現行法制の時代錯誤性はつねに深刻となります。

この⑴、⑵のため、国家の名によって省庁官僚主導でかたちづくられた既成の国法については、もはや「絶対・無謬」という幻想は終わります。国法は、かねてから私がのべていますように、①地域個性、②地域総合、③地域先導という、自治体立法つまり条例の課題には対応できません。

国法は、①全国画一、②省庁縦割、③時代錯誤、という構造欠陥を、日本だけでなく、ひろく各国の国レベルで、つねにもつからです。くわえて、今日では、世界政策基準としての国際立法による国法改革も、たえず不可欠となっています。

〔b〕 社会工学としての政策法

自治体、国、国際機構それぞれのいわゆる政府の「権力」とは、今日では神秘性をもつ「擬人化」にすぎないことが明確となってきました。都市型社会における政府の「権力」とは、それぞれの政府レベルの《基本法》によって、市民から〈信託〉された政府の「権限・財源」にすぎません。市民の文化水準のたかくなる都市型社会では、裸の暴力がみられるかつての農村型社会、あるいは「主権」ないし「権力」をかかげて近代化をめざした国家の時代と異なって、立法によって市民から信託された政府の権限・財源が、個人にたいして権力としてあらわれるだけです。これが今日の「法の支配」の本来の意義です。

図1−10　法類型の考え方

	領域別	構造別	
政府レベル	公　法	基本法＝	基本条例・憲法・憲章（政府組織法）
〈中間〉	社会法	**政策法＝**	行政法＋ ─ 社会法 ─ 労働法／福祉法・都市法・環境法；経済法；文教法；危機管理法
市民レベル	私　法	一般法＝	民法・刑法（市民社会法）

都市型社会における市民の生活問題の解決をめぐっては、個人自治が基本ですが、市民だけでは解決できないレベルの政策・制度解決という政府課題は、自治体、国、国際機構の各政府レベルでの《基本法》にもとづいて、市民が《信託》した「権限・財源」として三政府レベル間で分担されます。ここから、自治体法、国法、国際法はそれぞれの政府レベルで、自治体政策基準、国の政策基準、世界政策基準というかたちでの、**図1−10**にみるような、プラグマティックな《政策法》、しかも市民合意の規範として策定されます。

この三レベルの法のあいだ、つまり政府の権限・財源間、あるいは基準間のズレないし緊張については、各政府間での「政治調整」がととのわないとき、特定の裁判管轄権によるなんらかの「司法調整」とならざるをえません。最後には、いずれかのレベルの政府による「立法調整」としての法制改革となります。このため、一方では条例、他方では条約による国の法律改革は、今日すでに進行しているように、今後は当然となります。

このような考え方にたつとき、国法観念を中軸とした従来の法学理論ないし法哲学の「終焉」が不可避、不可欠となってきます。前述したように、都市型社会では、市民の生活問題が地域規模から地球規模まで多様に噴出するとともに、また問題変化のスピードも速く、くわえて政策技術の変化の速さもくわわって、しかも、市民からの批判による「政官業」の既得権にたいするたえざる再編がめざされますから、自治体法、国法、国際法はそれぞれ、つねに、たえざる立法改革を必要とします。

とくに留意すべきは、すべての個別政府の政策・制度ないし法については、必ずこれに関連する特定当事者の市民、団体・企業、政治家それに担当行政機構をめぐって、多様な既得権を生むことです。「悪い」政策・法のみが既得権をつくると考えがちですが、「善い」政策・法もまた既得権をつくります。必要不可欠の健康保険でも、当事者の市民をはじめ、医療関係ないし薬剤関係、医療機器関係など、また行政担当の省庁から自治体部課、それに族議員や理論家をふくめて、既得権が生まれます。各政府レベルの縦割「政官業」複合といわれる既得権構造がこれです。ここからも、既得権をたえず切開・破壊する立法改革、とくに政府交替が要請されます。

法はもはや天・神あるいは国家観念によって聖化される永遠の規範ではなく、都市型社会における市民の生活問題について、各政府レベルで分担した政策・制度型解決基準の策定という、市民相互の社会工学的手法となってきました。都市型社会での国法のほとんどをしめる、いわゆる「行政法」は、前頁**図1－10**に整理したように、「基本法」としての憲法、あるいは「市民社会法」としての民法・刑法と異なって、たえず改定される《政策法》です。変化の速い都市型社会では、変化の緩やかな農村型社会と異なって、永遠ないし「古来」の法、あるいは「絶対」の国家規範という考え方は崩壊します。

とすれば、また、社会・政治理論の課題としては、運動過程、行政過程、政治過程、あるいは情報過程、経済過程といった流動過程の実証研究にとどまらず、この〈流動過程〉を枠づける制度の構造特性をふまえ、さらに新政策による既成制度のたえざる「改革」をめざす、立法の推進が不可欠となります。つまり、制度改革論なき政治学・行政学は、制度改革論なき経済学・財政学とおなじく、不毛といわざるをえません。

この意味では、とくに、政治学と憲法学、行政学と行政法学が、日本ではこれまで、戦前の新カント派による存在と規範の二元論からの安易な影響もあって、それこそ水と油の不毛かつ不幸な関係だったことを想起すべきでしょう。この存在と規範の二元論こそがマチガイでした。

前掲拙著『市民自治の憲法理論』第三章、あるいは前掲拙著『政策型思考と政治』で提起したような考え方の転換さらに理論再編を、今後はふまえなければならないといえます。

変化の速い都市型社会の今日、政策・制度の革新を立法改革というかたちで、たえず問いなおすことが、市民ついで政治の課題となります。ここから、従来型の「訴訟法務」とは異なる前述の「政策法務」が、立法改革、解釈再編、つまりひろく政治としての《法運用》をめぐって登場することになります。

日本の講壇法学では、明治国家以来、国法をつねに「正法」とみなす解釈学中心にとどまってきたため、「悪法」を改革するため、政治がたえず新たに法をつくるという、市民の〈社会工学〉としての「立法学」の構築が、とくに緊急課題となっています。明治以来、国法は天皇ないし国家の絶対・無謬の正法とみなされ、その立法ないし運用も官僚の秘儀となり、大学法学部では解釈の精緻化のみが許容されていたのです。

立法技術は立法学として、解釈学としての解釈技術をふくめて「政策法務」というかたちで、ひろく市民に公開されるべきです。日本の大学法学部では、これまで正法としての国法という幻想からなりたつ解釈学ないし訴訟法務が中心だっただけでなく、官僚中核の「三権分立」(図1-13・本書一一〇頁)という考え方にたつため、国会、自治体議会みずから政策立法の推進にとりくめず、司法についても「判決による立法」と異なる「判決の蓄積」という考え方にふみとどまっていたのです。

それゆえ、立法学ないし政策法務に関連する大学講座はいまだ例外でしか開設されていませんが、その開設は急務ではありませんか。でなければ、日本の市民は立法主体としての成熟ができないでしょう。

既成の法学思考をのりこえ、かつその前提となる制度型思考の訓練については、今日の法解釈学をこえる幅広い歴史構想によって書かれた、平野義太郎『民法におけるローマ思想とゲルマン思想』、我妻栄『近代法における債権の優越的地位』、川島武宜『所有権法の理論』、戒能通孝『入会の研究』などは日本の古典で、今日からみて批判点があるとしても、これらに学生時代にとりくむ機会をもったことを、私は感謝しています。また、ひろく法学とくに立法についての基本については、今日の日本の法学者が避けてとおるパウンドやエールリッヒ（原本は私の学生時代、海賊版で出まわっていました）の法社会学関連の主著が、今日も古典としてとくに重要です。

明快でわかりやすい法学における基本論点提示には、ホッブズ『哲学者と法学徒との対話』、メートランド「信託と法人」、マッキルウェーン『立憲主義―その成立過程』が、私が読んだころとちがって、いずれも現在では翻訳されていますが、さしあたり必読でしょう。これには、さらに、ダイシーがイギリスにおける行政法の成立問題をのべた『一九世紀イングランドにおける法と世論』もあげるべきでしょう。

市民政治をめぐるロック『市民政府論』、「大衆政治」を予感していたシニックなバジョット『イギリス憲法構造論』あるいはミル『代議政体論』、また「憲法」による最初の制度設計をめざした、アメリカ建国をめぐるハミルトンらの『ザ・フェデラリスト』などは、立法ないし法務をめぐって市民の古典というべきでしょう。また、私には市民政治理論の〈現代的転換〉をめぐってとりくんだ、一九世紀ドイツにおけるイェリネックなどロマニストと、ギールケなどゲルマニストとの思想対比の研究が、その後、各国の近代化をめぐる法学発想についての比較研究、さらに私の自治体論の構築にあたって役立っています。

裁判を前提とする訴訟法務の解釈型思考と、政策法務として結実する制度型思考とが、いかに思考型としてちがっているかが、これらから理解できるようになりました。とくに、この基本論点にとりくまなかった戦後日本の法哲学や法社会学は、ケルゼン、ラードブルッフなど規範・存在二元論のドイツ新カント派系法理論から充分解放されていなかったこととあいまって不毛となり、現場の法務には役立たずで、失敗だったと思います。今日では、この二元論をのりこえて、日常生活課題とむすびつく価値・規範・政治、あるいは課題・政策・制度の循環という問題設定があってはじめて、政策・制度型思考を熟成し、法論理の思考訓練となります。さらに、一歩すすめて、**図2−1「政策循環の三角模型」**（本書一三三頁）についてもご検討ください。

図1−11　市民規範

Ⅰ基本規範	市民自治・市民共和	（市民主権）
Ⅱ価値規範	①市民自由＝人権・平和	（自由権＝人格価値）
	②市民福祉＝シビル・ミニマム	（生活権＝生活価値）
Ⅲ組織規範	選挙・機構分立・法の支配	（自治体／国／国際機構　の政府責任）

図1−12　政策公準

X　合意公準	①政策目的の普遍性	（普遍目的による規制）
	②政策手段の妥当性	（適正手段の選択）
	③政策結果への責任性	（責任手続のくみこみ）
Y　選択公準	①公平性（社会的）	（最大正義）
	②効率性（経済的）	（最少費用）
	③効果性（政治的）	（最適効果）
Z　策定公準	①最低保障の原則	（ミニマム政策の要請）
	②政策革新の原則	（先駆型開発の要請）
	③簡明簡便の原則	（わかりやすさの要請）

事実、一九六〇、七〇年代、日本の都市型社会への移行期にはじまる市民活動は、既存法制の官治・集権型という時代錯誤性のため、条例や法律の改革立法はもちろん、多様な裁判も提起していきます。だが、憲法学者、行政法学者だけでなく、法哲学者、法社会学者をふくめ講壇法学者は、省庁官僚と同じく当時、この事態に対応能力を欠如し、ほとんど関心すらしめさなかったのです。「環境法」、「都市法」といった、今日ではひろく認められている新しい基本法域も、法廷で当時ごく少数だった先駆弁護士の活動から生まれたのでした。

当時のこのような問題状況については、前掲拙著『市民自治の憲法理論』第一章「市民参加と法学的思考」でのべております。しかも、戦後の法哲学や法社会学のニュー・ファッションは些末発想による厳密さをきそい、私がここでのべてきた「都市型社会」の法学課題をめぐって、幅広い層が読める骨太の著作がないのも残念です。そこでは、誰にもわかる、前頁**図1－11**の市民規範、**図1－12**の政策公準の確認も不可欠となります。

そのうえ、政策・制度づくりをめぐる国の立法についてみますと、官僚内閣制がつづく日本では、官僚出身閣僚が少なくなっていく、細川内閣からの連立内閣段階以降はかえって、政治家の閣議は官僚法学で理論武装した、しかも国法による根拠なき次官会議の決定追認にとどまって、政治家本人が閣議で責任ある討議ないし決断に習熟できないシクミとなっていきます。『日本国憲法』では、「最高機関」である国会、あるいは「独立」であるはずの裁判所も、この明治憲法以来の官僚法学、講壇法学による官僚＝行政権主導の「三権分立論」(**図1－13**・本書一一〇頁)にとじこめられて、政策・制度の改革構想ないし立法改革、判決立法に熟達していきません。今日も内閣中枢の官邸・官房も省庁縦割官僚に実質占領されています。

このため、法制大改革としての日本再構築どころか、省庁縦割のためもあって危機管理あるいは外交にも未熟だという事態にたえず留意して、国会・内閣ついで省庁、あるいは司法の改革をすすめる必要があります。この「官僚内閣制」から「国会内閣制」への転換という政治改革の戦略課題については、前掲拙著『政治・行政の考え方』第二章「官僚内閣制から国会内閣制へ」を参照ください。

国会・内閣と省庁官僚とのあいだの制度調整方法の抜本改革、いわば「政官関係」の再編が緊急課題となっていることは、一九九三年、旧自民党永続政権が崩壊して、一九五五年の立党以来はじめて自民党が野に下った細川内閣のとき、省庁官僚が「行政の継続性」を主張し、「政策転換」を拒否したことによって、あきらかとなりました。一九九〇年前後、日本の政治学にみられた「政高官低か官高政低か」、「党高官低か官高党低か」という論議も、以上にみたような憲法論ないし制度論なき不毛の議論でした。

今日では、「官僚内閣制」から「国会内閣制」への構造転換が、後述の〈機構分立論〉の提起（三権分立論の廃止）、さらには〈分権改革〉の拡充を基軸に、官僚天下りの組織性とむすびつく特別会計・外郭組織・官製談合における政官業複合の切開、つまり調整・廃止とあいまって、政治改革の中枢課題となっています。

この点、国会議員も、族議員型ないし地元議員型の個人口利きから国会内閣制型制度運営への転換に、ようやく少数ですが気づきはじめたにとどまり、そこに不可欠の憲法運用技術、さらに政策・制度改革をめざす調査・立法技術の熟度という考え方は残念ながら未熟です（本書第4論考「市民立憲からの憲法理論」で詳述）。

〔c〕 基本法概念の理論再編

政治・行政が、制度によって、とくに「近代国家」以降は立法によって枠づけられるとき、その基本枠組としての基本法の構成が必要となります。この「基本法」という考え方は、国王の戴冠式宣誓や、身分議会による『マグナ・カルタ』にみられるようなヨーロッパ中世立憲政治からくるのですが、近代にはいって、市民革命を背景に、この基本法はまず国レベルの制度設計としての「憲法」という考え方にきりかわって、その後ひろく近代立憲政治が成立します。

この基本法観念については、日本ではこれまで、国レベルの憲法のみが注目されるにとどまりました。私は政府の三分化をふまえて、自治体での基本法としての「基本条例」という問題領域を新たに造語して提起します。

この基本法については、前掲拙著『転型期日本の政治と文化』第3・4論考で考え方を整理しました。

もちろん、戦後、日本では○○基本法というかたちで、基本法という言葉は各省庁による縦割政策領域のカコイコミにもつかわれています。これは省庁縦割政策法といってよいでしょう。政策法であるため、つねにその改正がおこなわれていきます。

だが、分権化・国際化によって政府が三分化する都市型社会では、国際政治機構である国連の憲章とともに、市町村、県を問わず各自治体にもそれぞれ、基本条例が基本法として不可欠となります。自治体、国、国際機構いずれの基本法も、当然、**図1－11**（本書一〇五頁）でみたような権利条項をめぐる人権、平和、ついで政府条項をめぐる市民主権（選挙）、機構分立、法の支配という《普遍基本法（市民政治）原理》をふまえて、各政府レベル独自の政府課題に対応した枠づけとなります。さらに、基本法原理をめぐるその現代課題としての《分節政治》については、後掲の**図1－15**（本書一一五頁）で定式化しておきました。

自治体レベルでは、戦後、市民憲章、都市憲章、自治体憲章などが主にスローガンどまりでしたが、考えられてきました。私は日本の自治体は条例制定権をもつため、自治体の基本法を「基本条例」と名づけます。つまり、基本条例の策定は、自治体の〈基本法〉という、条例の新しい「運用形態」といってよいでしょう。

この自治体基本条例は、国の基本法としての憲法との調整をとりながら立案・策定しますが、政府としての自治体による条例の自治立法、また国法や国際法の自治解釈、つまり自治体法務の基本枠組として不可欠となります。このため、基本条例は自治体レベルでは国法の上位規範になることに、とくに注目すべきでしょう。従来の国法中心の法段階論はここでもくつがえります。

この自治体基本条例というかたちでの問題提起には、その後ひろく関心がたかまり、憲法学者は想定もしていなかったのですが、先駆自治体ではその制定もすでにはじまっています。この自治体基本条例を憲法理論にとりこむとき、憲法学の従来の理論構成はひっくりかえります。

自治体基本条例の制定では、最初から総合プログラム法としての基本条例の策定という考え方もあってよいと思います。だが、市民参加、情報公開、また行政手続、住民投票などの制度・手続条例、あるいは自治体議会の運用条例、市民会議・市民委員会の設置条例といった「関連条例」をしっかりつくりながら、やがて「総合基本条例」にまとめるという考え方もあってよいと思います。

かつて天皇を日本の特異性、つまり「国体」として強調した明治憲法と異なって、『日本国憲法』は《普遍基本法（市民政治）原理》によって構成されています。にもかかわらず、この普遍基本法原理を戦後日本の法学者が理解できないため、間接占領統治による特権官僚組織の温存とあいまって、その運用・解釈では明治憲法を原型とする戦前型の官僚法学、講壇法学の理論枠組がつづき、今日までのこってしまいました。

憲法学では、かつては保守・革新の党派対立があるものの、この旧保守系、旧革新系いずれの憲法教科書も、今日ですら第八章「地方自治」についてはほとんど立論能力を欠いていることからも理解できるように、自治体の独自課題も理解できないほど、明治憲法と同型の官治・集権型法学にとどまっています。国会の「最高機関」という日本国憲法における位置づけも、憲法学者は「政治的美称」といなしているのが憲法学の実状です（本書第4論考参照）。だが、都市型社会が成立した今日、「政治の未熟」ついで「行政の劣化」の露呈とあいまって、もう、絶対・無謬の国家観念から出発する官治・集権型の既成憲法学は破綻となっています。

ようやく、まず二〇〇〇年の分権改革、ついで二〇〇一年の国会・内閣改革、省庁再編、さらにはこれにつづく司法改革をはじめとして、また新たに公務員法改革、あるいはひろく省庁の過剰規制・補助金、また特別会計・外郭組織の整理・廃止というかたちで、政治・行政の再編がひきつづき政治日程にのぼっています。これは、戦後肥大した後・中進国型〈明治国家〉の解体作業といってよいでしょう。

私は、前述の拙著『政治・行政の考え方』第1・2・3章で、『日本国憲法』の制定にもかかわらず、その国民主権は〈国家主権〉にいったんもちあげられ、戦後五〇年にわたる政治・行政の中枢は戦前と同型の「官僚内閣制」と位置づけました。ついで、二〇〇〇年代にはいって、「国会内閣制」にむけた『日本国憲法』の運用改革、つまり日本の政治における〈憲法構造〉の転換、ならびにこれにともなう憲法関連法はもちろん、個別政策法をふくめた法制大改革の緊急性を、改憲問題とは別の《整憲》という次元で提起しています（本書第4論考参照）。

とくに、国レベルでの憲法の運用改革ないし現実政治における憲法構造の転換には、**図1−13**に図示したように、行政機構＝官僚組織を中核として、今日もつづく官僚法学、講壇法学による〈三権分立〉という、国家統治型つまり「官僚内閣制」型分立を、国会主導での内閣との「二権分立」に再編し、これに司法調整をくわえた《国民主権》型、つまり「国会内閣制」型の〈機構分立〉への再構成が、日本の政治・行政再構築をめぐって基本課題となっています。

事実、『日本国憲法』では、第四章「国会」、第五章「内閣」ですが、第六章は裁判所ではなく「司法」となっているではありませんか。「三権分立」ではなく、「二権分立」を軸とする「機構分立」なのです。『日本国憲法』

図1−13　国家主権と国民主権の構造対立

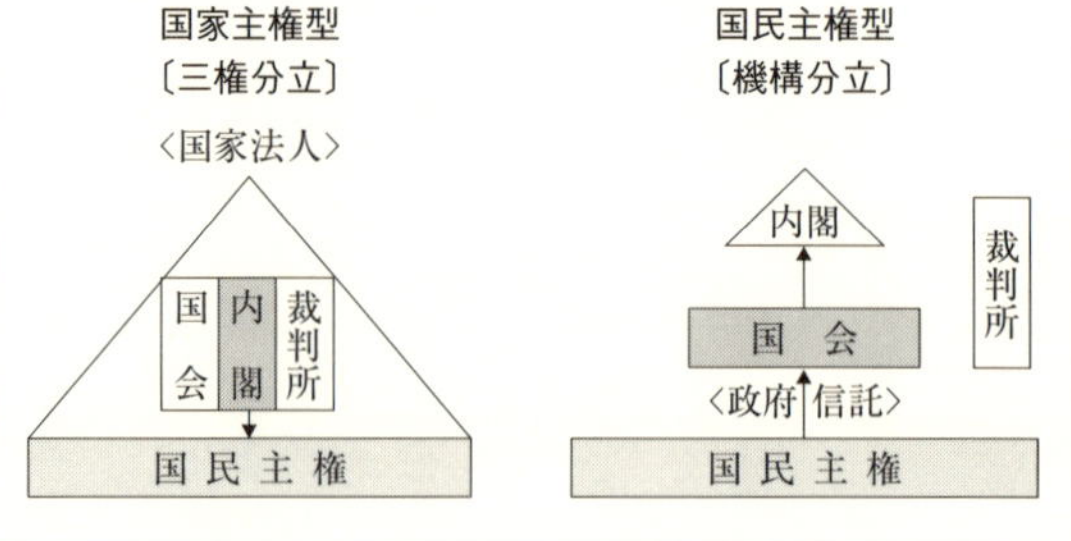

は国会を「最高機関」と位置づけるため、行政権が中核という戦前からの日本型「三権分立」論とは異なった、機構分立となっているのです。また、「独立」の司法の位置づけもこのように理解してはじめて、市町村・県と国、あるいは市町村と県という、政府間をめぐる司法調整について、その位置づけができます。

今日の憲法論議では、この《機構分立》の基本論点について、従来の護憲派・改憲派いずれもふみこんだ理解をしないで、安易に従来の官僚内閣制にもとづいた、行政権中核の「三権分立」の発想にとどまっています。

しかも、行政権を担う官僚については、その政策判断は「自由裁量」といわれて、ほぼ国会・内閣、ついで裁判所からも直接責任を問われない「無答責」の位置にあります。官僚組織の劣化の実態が暴露してしまった今日も、官僚法学、講壇法学では戦前の天皇主権の考え方の残映をのこすため、自治体職員は政策判断について個人責任が問われますが、国の官僚の政策判断ないし政策裁量は、「悪をなさず」、つまり「絶対・無謬」という想定をとっています。官僚の「自由裁量」は、民法・刑法をのぞいて、「行政法」をこえるという時代錯誤ぶりです。そこでは、さらに、霞が関にいて、全国津々浦々にいたる予算の箇所づけが「正しく」できるという、不可能なことすら、今日も想定されつづけています。

また、旧大蔵省・現財務省は、これまで予算をめぐって、技術的理由をあげて国会による修正を実質拒否しつづけてきました。だが現行の款項別ではなく、施策別（事業別）であれば、予算書は施策原価をふくめて誰もがわかり、その修正もできます。予算編成方法のこのような改革をサボった結果、今日、国、自治体ともに財政危機にはいってしまったではありませんか。

官僚中軸の政官業複合を背景に、官僚統治・裁量への制御装置が実質なかったといってよいでしょう。そのうえ、省庁官僚は、《国会内閣制》の確立をめざすどころか、その閉鎖・特権性あるいは既得権をうちやぶる市民型人材の登用、また第三者機関の設置すらも、いまだにたえず反対しています。

このような行政ないし官僚中軸の〈三権分立論〉は、絶対君主による官僚（国家）統治から立法、司法が分離していく過程を反映した一九世紀後進国ドイツの理論を、明治憲法以来の原発想としてうけつぎ、今日も憲法学主流理論としてつづいています。これが、いわゆる「行政残余説」というかたちで、官僚統治から立法、司法を引き算したのこりすべてが行政という「行政中軸」理論となります。この行政中軸という官治・集権型の「三権分立」が、今日も日本の憲法学・行政学の理論中核となっているのです。

日本の国会の「最高機関」という位置は、講壇憲法学によれば、今日も「政治的美称」にすぎません。二一世紀日本の憲法学、行政法学がいかに後進国型にとどまるかは、一七世紀のロックはともかく、一九世紀イギリスのベンサム、ミルやバジョットの議会中核理論と対比してください。日本の国会・内閣の関係は、決してイギリス型の議院内閣制ではないということが理解いただけるでしょう。

さらに、戦後は新たに、日本型三権分立の原型をなす一九世紀後進国ドイツの官僚中軸理論に、日本の戦後とおなじく国民主権にもとづく官僚統治からくるフランス憲法学の官僚中軸理論が加味されていきます。これが今日の日本の講壇憲法学の理論系譜です。

都市型社会の成熟にともなう市民活動を背景に、分権改革から国会・内閣改革、あるいは司法改革にいたる緊急課題が、日本の官僚法学、講壇法学の視野にいかに入りにくいかが、おわかりいただけると思います。このような理論特性をもつ日本の法学が、官僚や裁判官あるいは弁護士などになるための、いわゆる国家試験の出題で制度化され、二〇〇〇年代の今日も年々拡大再生産され、若い世代の頭脳を官治・集権型に訓練しています。

自治体レベルでは、すでに、官治・集権型トリックだった「機関委任事務」手法の廃止という、「地方分権推進委員会」がなしとげた、日本の戦後憲法構造の改革、つまり《整憲》(本書第4論考参照)を意味する画期的な新『地方自治法』による《二〇〇〇年分権改革》がはじまっています。まだ権限のみで財源の分権改革は省庁官僚の抵抗によって今後一〇年はかかりますが、自治体はこの地方自治法大改正によって、すでに独自の課題と権限をもつ「政府」となりました。ここから、本書でくりかえしのべているように、自治体の自治責任による「法務・財務」(本書第3論考参照)という新課題領域を開拓し、これに熟達していくことが、あらためて急務となっています。

二〇〇〇年分権改革後は、第一に、条例立法では、自治体課題の全領域にわたって、国基準をこえる自治体独自の政策・制度開発に必要となる権限・財源の独自形成ができます。第二に、国法の自治運用ないし自治解釈が不可欠となります。第三に、自治体と国の政府間調整も、二〇〇〇年以降では、行政調整ではなく、最終は司法調整ないし立法調整によります。ここから、自治体がそれこそ自治体になるため、この三点をめぐって法務の確立が不可欠となるのです。

とくに、国法が国の政府の権限・財源を限定するだけでなく、また新たに「付与」するのとおなじく、条例つまり自治立法が各自治体政府の権限・財源を限定するだけでなく、市民が新たに「付与」もします。この論点が、これまでの理論では見失われていましたから、強調しておきます。

革新自治体が提起したかつての「権限なき行政」も、今日では機関委任事務方式が廃止となり、自治体はすべての課題領域で条例による権限をつくることができるため、終わりとなります。むしろ、国の法制いかんを問わず、市民ないし地域の緊急課題に独自のとりくみをしないとき、今後、自治体は「不作為」の責任が問われます。二〇〇四年の最高裁水俣病判決の画期性がこれです。時代錯誤でザル法の国、権限行使にナマケル県だけでなく、今後は市町村もこの「不作為」によって責任を問われます。

また、自治体・国の財源危機ないし財源縮小をめぐって、とくに明治以来、戦後も実質変わらなかった大福帳方式から連結財務諸表方式への政府会計の抜本改革、ついで政策・組織・職員再編をめぐる財務技術開発も、二〇〇〇年代の緊急課題となっていますが、これらはいずれも法務問題です。

これまで、日本で未知だった、この法務（権限→立法）ついで財務（財源→予算）という新独自領域の提起が、拙著『日本の自治・分権』、『自治体は変わるか』（一九九六年・一九九九年、岩波新書）、また『転型期日本の政治と文化』第5・6論考の主要課題でした。


最後に、国レベルの制度集約をめぐる憲法問題・憲法理論についての私のかかわりを、あらためてのべたいと思います。不幸にも、日本では憲法学と政治学の関係は、すでにのべましたが、水と油のように規範論理と実証論理という二分化された発想がつづくため、とくに『日本国憲法』が一応の制度安定をみる一九六〇年代以降は憲法学と政治学は著しく没交渉となり、双方とも理論として不毛におちいっていきます。事実、二〇〇〇年前後、明治国家の解体という、日本再構築についての実効ある発言は、残念ながら「制度型思考」の未熟とあいまって、政治学、憲法学いずれからもほとんど聞こえてきません。

私は若き日々、ヨーロッパ思想史研究をめぐって、法学理論が不可欠だったこともあって、たえず憲法問題・憲法理論を意識しながら考えてきました。ここで想起したいのは、日本のような憲法学と政治学の分裂はあまりみられないことです。政治学者こそが憲法理論にとりくむことが時代の急務と、これまでも私はのべつづけてきました。憲法理論にとりくんだ前述のアメリカの政治学者フリードリッヒをあらためて想起してください。政治が憲法をつくり、憲法が政治の大枠をつくるのですから、政治学こそが、「条文解釈」とは異なる次元と課題をもつ「憲法理論」をかたちづくるべきなのです。

他方、私は戦後のいわゆる改憲・護憲の「教義」論争には違和感をもち、この論争の前提にある理論構成、社会文脈を私はとりあげます。私の方法的視座については、「憲法擁護運動の理論的展望」(『思想』一九六二年五月号)からはじまり、「憲法理論への市民的視角」(『市民自治の憲法理論』第3章、一九七五年)、「日本国憲法の五〇年」(『政治・行政の考え方』第1章、一九九八年)、「市民立憲への憲法思考」(『転型期日本の政治と文化』第3論考、二〇〇五年)で設定しています。また、憲法理論全体についての国家統治から市民自治へ、とくに「国家法人論」から「政府信託論」への理論転換の不可欠性については、すでにのべました(図1-13・本書一一〇頁参照)。

私の論考と日本国憲法の各章との対応について今一度整理しますと、前文＝「民主主義の歴史的形成」(『岩波講座・現代思想』六巻、一九五七年六月。前掲『現代政治の条件』所収)、憲法第一章＝「大衆天皇制論」(『中央公論』一九五九年四月号*)、第二章＝「都市型社会と防衛論争」(『中央公論』一九八一年九月号*、新版二〇〇二年、公人の友社)、ついで第三章＝「現代政治における自由の条件」(『理想』一九五七年一二月号)、「シビル・ミニマムの思想」(『展望』一九七〇年五月号)、第四・五・六章＝『市民自治の憲法理論』(一九七五年、岩波新書)、「国会イメージの転換を」(『世界』一九七七年二月号*)、「官僚内閣制から国会内閣制へ」(前掲『政治・行政の考え方』)、第八章＝『日本の自治・分権』(一九九六年、岩波新書)、『自治体は変わるか』(一九九九年、岩波新書)、『自治体再構築』(二〇〇五年、公人の友社)となります(以上の*印は拙著『戦後政治の歴史と思想』一九九四年、ちくま学芸文庫所収)。いずれも条文解釈を前提とした教養論争をはなれて、日本の憲法理論を今日の都市型社会にふさわしい理論構成・社会文脈におきなおす私の試みでした(本書第4論考も参照)。

私が提起するこのような憲法条文の社会文脈が、あらためて第九条をめぐって問題となったのが、二〇〇二年の有事立法問題です。二〇年前の一九八一年に書いた前述の「都市型社会と防衛論争」を、二〇〇二年、同名のブックレットに「あとがき」（都市型社会と危機管理）を付して、再刊しています（公人の友社）。

ここでは、都市型社会にはいった日本も、ヨーロッパとおなじくもはや戦争のできないモロイ社会・経済構造になったことを強調するとともに、日本の省庁官僚の政策構想力の貧困、さらに戦前からつづく情報能力の劣性を問題としてとりあげています。つまり、都市型社会の「危機管理」として有事をとらえ、農村型社会原型の従来の国家統治型有事立法を市民自治型危機管理立法にいかに転換するかを主題としました。

私は二〇年前の前掲書で、自治体、国、国際機構の三層緊張のなかで、市民保護のための避難地区として、自治体による「無防備地域」の設定を『ジュネーヴ条約追加議定書』との関連でとりあげていました。市民保護の起点は、国ではなく自治体が、国家統治ではなく市民自治の論理で制度化すべきだと、従来型の防衛論争のあり方を批判しています。分権化・国際化していく都市型社会の「有事」あるいは軍隊は、農村型社会とは異なった構造をもつため、まず、都市型社会における戦争社会学ないし軍事社会学の新構築が必要という視角の確立をめざしています。

小泉内閣が二〇〇二年に国会にだした旧福田内閣時代の発想による有事法は、戦前型の官僚統治型国民総動員という発想にとどまって、理論としても政策としても時代錯誤であることを、前掲書で強調しています。今後はテロ・ミサイル問題が中核となるため、陸上自衛隊がこれまで想定してきた「本土決戦」モデルはもはや幻想にすぎなくなりました。つまり、農村型の陸上野戦を基本前提としてふまえ、都市型社会とくに巨大都市のモロサを想定していない、時代錯誤の考え方だったのです。そのうえ、正規軍は市民蜂起型ゲリラに敗北することも留意する必要があります。
もちろん、都市型社会でも、(1)地域規模から地球規模でのミサイル+ABC(核・生物・化学)兵器、(2)地域規模から地球規模での同時多発のテロあるいは都市・辺地ゲリラへの対応は不可欠です。この(1)(2)いずれについても、すでに先進国では従来型戦争技術・制度では対応不可能となっているため、都市型社会をめぐる自治体、国、国際機構の各政府レベルによる、外交をふくめ新しく市民主体の危機管理の技術・制度開発が課題となります。

憲法をめぐっては、自民党オールド・ライト系から九条問題を中心に憲法条文の改定が戦後たえず議論になってきました。だが、憲法論争では、まず都市型社会の成熟を基底にすえ、憲法構造の官治・集権型から自治・分権型への転換が基本の論点となるべきなのです。

今日の国会論議、しかも、その背景にある日本の講壇憲法学ないし官僚憲法学は、このような憲法論点には役立ちません。とくに、『日本国憲法』第四、五、六章をめぐる前述した機構分立、第八章「地方自治」について、官治・集権理論にとどまる憲法学は、今日も実質は市民型自治・分権理論を想定もしていないではありませんか。日本の憲法理論には、その社会文脈として、今日では地域規模から地球規模での市民活動を土台とする都市型社会にふさわしい理論構成・社会文脈の設定が不可欠です。

とすれば、明治国家型の発想にいまだとどまる国会議員などの政治家、また法曹、ジャーナリスト、それに理論家が憲法論議をおこなっているという、今日の日本の政治現実こそが、時代錯誤ではありませんか。

前掲の私の諸論考は、それぞれの執筆時期での時代限界があるとはいえ、都市型社会の問題性を背景に、日本の制度型思考とくに憲法理論の再編・再生を課題としてきたと考えています。

6　日本転型への展望と市民政治

二〇〇〇年代、政治・行政、経済・財政、文化・理論をめぐって、日本の私たちが直面している《日本再構築》の課題とは、くりかえしますが、自治・分権政治が不可欠の都市型社会に移行したにもかかわらず、自治体、国の政策・制度が、いわゆる国家（官僚組織）を機関車として近代化をめざしてきた、農村型社会の官治・集権構造にとどまるというネジレをいかに解決するかという、文明史的課題をもつ転型にあります。

しかも、自治体、国の各政府レベルそれぞれに、戦後再編され、半世紀つづく硬直した政官業既得権複合がかたちづくられて、政治・行政を劣化させるとともに、さらにこの政官業複合がムダをつみあげて国富を蕩尽したため、経済はともかく財政も緊迫してきます。

この「転型期」の構造危機をチャンスとして、都市型社会にふさわしい政治・行政、経済・財政、文化・理論の自治・分権構造をいかにつくるかが、二〇〇〇年代の日本再構築の中核課題として問われています。

そこでは、とくに今日も日々刻々ふえつづける国、自治体の借金をふまえて、法制大改革による、

(1)　分権改革

(2)　国会・内閣改革

(3)　省庁再編

①財政・財務改革をともなう省庁再再編、②省庁規制の整理・改革、ついで省庁外郭組織の整理・廃止、

③公務員法改革くわえてその減員（民営化あるいは国・自治体公務員の交流問題をふくむ）

(4)　司法改革

という国の政治・行政の全域にわたった転型、つまり日本の分権化・国際化を課題とする、官治・集権型から自治・分権型へという憲法運用改革、いいなおせば憲法の条文改正とは異なった《整憲》レベルでの「憲法構造」の転換へのとりくみが急務となっています。この日本再構築をめぐる政策・制度開発の「構想と選択」、つまり「予測と調整」「組織と制御」をめぐって、その課題は緊迫しています。

ここで、閉鎖国家型の省庁規制・補助金で保護された産業ほど農業をふくめ政官業複合が強いため、かえって衰退するという周知の実態を想起すべきでしょう。官治・集権型さらに閉鎖国家型という意味では、いわば政治・行政、また経済・財政、あるいは文化・理論は相互に対応して、同型だったのです。

この日本再構築をめぐる「合意と決断」については、そのタイミングがおそく、またカケ声にとどまり、たえず先オクリ、骨ヌキとなることもあって、はたして、日本の市民、ついでその代表である各政府レベルの政治家が、人事リストによる省庁官僚・自治体職員の天下り開拓、そのための官製談合（最近では件数で八割といわれる）という行政犯罪まである構造腐敗、これと個別にむすびつく国、自治体の各政府レベルにいる口利き型の族議員・地元議員、また団体・企業などの既得権からなる抵抗をおさえこんで、この構造転型をどのように担いうるか。ここが、GDPのおおきくなった日本の国際経済・国際政治における責任をふくめて、国際社会からも問われるにいたっています。

日本の構造転型へのとりくみは、マクロにはほぼ私の想定した方向へと動いていますが、市民文化の未熟のため、市民からの批判・構想もたちおくれています。すでに改革のタイミングが二〇年おそすぎ、その間、国・自治体のいまも日々刻々ふえつづけるGDPの一・五倍となる膨大な累積赤字、他方、人口の減少・老化が拍車をくわえる地方衰退に象徴されるように、事態は急迫しています。

二〇〇〇年代日本の問題状況は、大企業の再編がようやくすすんだとはいえ、かつての敗戦が軍学校優等生からなる昭和の軍官僚の「独善」による自己崩壊だったように、学校優等生からなる行政官僚の独善を中核に、これと同型となってしまった政治家ついで経営者、またジャーナリスト、理論家をふくめた、戦後日本の官治・集権型中進国構造の自己崩壊というべきです。そこには、「自己制御」なき「自己崩壊」が、首相をふくめ誰もが無責任のなかで進行しています。

明治以降の日本近代化をめぐって、自由・平等という生活感覚、自治・共和という政治文脈をもつ市民文化ないし市民理論を熟成しえなかった、大学をふくめた旧来の中進国型文化・理論の構造破綻を、ここにみる必要があります。

とくに、政治学・行政学、ついで憲法学・行政法学、さらに経済学・財政学からの実効ある改革の構想どころか、わずかの例外はみとめるとしても、日本再構築への理論家たちの意志もあまりみられません。ここから、「政策・制度型思考」をめぐって、日本における理論の生産性があらためて問われているといえます。日本の理論家は、時論は別として、これまで「科学」の名において、いわば意図的に、〈事後〉の実証・検証の思考訓練のみにとどまろうとしてきたため、今日のような転型期に不可欠となる、市民として、あるいは理論家としても、もつべき〈事前〉の予測・調整、組織・制御あるいは構想・選択への思考訓練、つまり実効性をもつ政策・制度を開発・実現する思考熟度と責任意識をうしなってしまったのではないでしょうか。

日本における政策・制度研究ついで政策・制度設計が未熟にとどまる歴史背景については、拙著『政策型思考と政治』第1章4節「日本における政策研究」でのべています。さらには、政治家、官僚・行政職員、あるいは経営者、法曹、また、ジャーナリスト、理論家などとの間の身分型職業分断による人事交流の欠落からくる、課題・発想・情報の共有喪失が問題になります。

とくに、(1)古来からの「子曰く」という聖典訓詁学の伝統、(2)戦前から日本に強い影響力をもったマルクス、ウェーバーはいずれも政治熱狂家でしたが、日本でのマルクスの歴史客観性、ウェーバーの禁欲客観性という理論設定についての誤解、(3)戦後はさらに現代アメリカの科学主義への過剰同化が、日本の社会理論を不毛にしてきたことを、ここで強調しておきます。

いいかえれば、いまだに農村型社会を想定している今日の日本の後・中進国型政治・行政ないし政策・制度を、都市型社会という先進国型にむけての構造転型ないし法制大改革という急務をめぐって、「予測と調整」、「組織と制御」ついで「構想と選択」を、各自治体レベル、あるいは国レベルで誰が先導しうるか、政治家、官僚・行政職員、また理論家だけでなく、基本としてはひろく市民が問われています。

たしかに、現実の課題と理論の課題、ついでひろく政治家の思考と理論家の思考とは同一ではありません。だが、同型となることに注目したいと思います。二〇〇〇年前後、都市型社会への移行にともなう構造必然として、日本の急務となっているこの《再構築》という現実の課題にたちむかうとき、はじめて、日本の理論は、ひろく予測・調整、組織・制御をめざした構想・選択という、政策・制度の開発・実現にむけての理論として、再編できることになります。

この点でいえば、私の課題はこれまで、戦後日本の社会・政治理論のあり方についての知識社会学・歴史社会学の発想からくる考察をふまえた、政策・制度改革さらに理論再編をめぐる、視座と方法の追求であったといえます。いわば、官治・集権型特性をもつ旧来の理論構成ないし官僚政治、講壇理論を、自治・分権型つまり市民政治ないし市民理論にむけての再編を、基本概念ついで社会・政治文脈の転換と交錯させながら、考えてきたわけです。新しい時代はまた新しい言葉、つまり、新しい基本概念と文脈を必要とするからです。

このような私の今日の考え方ないし理論視座の基本については、一九九一年の『政策型思考と政治』（東京大学出版会）でまとめました。このまとめのため、五〇歳をすぎた一九八六年からは締切に追われるマス・メディアでの発言は一切おことわりしています。

そこでは、市民・自治・都市、政治・行政・管理、あるいは公共・政府、政策・制度、状況・決断、党派・公準、構想・選択、予測・調整、組織・制御といった政治理論としての基本概念を整理していきます。最後にはもちろん、市民文化の熟度、つまり《市民政治》の可能性を問うことになります。この市民文化・市民政治への問いは、政治・行政のみならず、経済・企業、さらに文化・理論の活力をめぐって、当然、官僚主導の官治・集権型から市民主導の自治・分権型への文脈転換への問いです。

私は、いわゆる「科学」のめざす実証・検証については、市民としての構想・選択つまり政策・制度の開発・実現のために必要となる情報整理のレベルにとどまるとともに、この情報もつねに不完全だと位置づけてきました。しかも、この研究における実証・検証も、社会の変化が加速しているため、たえず時間とともに陳腐化して、実質は別課題である歴史研究に、たえず転化していきます。

しかし、政策・制度ついで理論は、それこそ、一〇年、三〇年をへた未来の時点において、その実効性があらためて《実証・検証》されます。これが、いわば「歴史の審判」です。政策・制度ついで理論をめぐる「構想と選択」ないし「予測と調整」「組織と制御」についての理論家の「理論責任」は、政治家の「政治責任」とここでも、同一ではありませんが同型です。

たしかに、理論家は政治家とは異なって理論家にとどまるかぎり、いわゆる無力で、現実を動かす政治資源としての「権限・財源」は直接もちません。だが、政治主体である市民、ついで制度化された権限・財源をもつ政治家さらには行政当事者が、長期・短期のいずれにせよ、政策・制度転換を必要とするとき、理論家は、予測・調整、組織・制御ないし構想・選択のための課題と仮説を、理論としてつねに準備・公開しておく必要があります。日本も先進国段階にはいるためには、翻訳理論家や引用理論家が権威をもつ、かつての後・中進国段階と異なって、市民個人として、このような政治責任が理論家にも問われていくことになります。

都市型社会にはいって、かつてはひろく旧保守・旧革新の双方からイデオロギー化されていた国家観念の崩壊もあり、日本の社会・政治理論は戦前から戦後にかけての「天下国家」型から、一九七〇年代、八〇年代以降はこつこつと個人としての業績をつみあげていくサラリーマン型の「私文化」としての「私研究」に変容していきます。

だが、この理論状況を再転換し、理論あるいは政策・制度の構想・選択をめぐって、市民としての理論責任を担うには、公共文化としての「市民文化」の成熟が不可欠であることは、すでにのべました。そこでは、いわば、都市型社会にふさわしい政治文脈をもつ《市民》としての生活感覚、ついで政治発想、さらには問題設定・仮説構想の成熟が基本として不可欠となります。そのとき、多様な市民がまた多様な理論家でもあるのが、都市型社会なのです。

この市民文化については、今日もつづく日本の文化閉鎖性をふくめて、「文化の座標軸と政治文脈」（前掲拙著『転型期日本の政治と文化』第7論考）で新たにまとめましたが、《市民》という人間型の理論提起以来、拙著『市民文化は可能か』（一九八五年、岩波書店）、『社会教育の終焉』（一九八六年、筑摩書房、新版二〇〇三年、公人の友社）でも、たえずとりくんだ私の主題でした。市民文化の成熟なくして、美しい景観もつくれず、市民政治もありえないのです。

しかし、今日の市民文化は、国家形成とむすびつくかつての国民文化観念の独善性からの解放こそが課題となります。いわば、地域個性文化、世界共通文化（**図1－3**・本書三二頁）との緊張のなかで、国民文化はたえず変容するとともに、**図1－14**のように自治性・公共性・寛容性という、市民文化としての政治文脈の設定こそが要請されます。

図1－14　市民文化の三政治文脈

Ⅰ	発想形態	官治文化	対	自治文化
Ⅱ	空間感覚	私文化	対	公共文化
Ⅲ	生活態度	同調文化	対	寛容文化

今日、ひろく、「私思想」「私研究」からぬけでて、かつてのいわば国家型理論にかわる市民型理論の構築がのぞまれます。これは、また、五〇年前に「市民政治理論」へのとりくみからはじまった私の課題でした。すでに、時代の発想も、明治国家以来の「国家、統治、階級」から、都市型社会にふさわしく「市民、自治、都市」に変わっています。

最後にくりかえしとなりますが、なぜ《分節政治》が構造必然となるのか、をまとめておきたいと思います。基本は工業化・民主化ですが、ここから次の問題がでてきます。

(1)　工業化の結果、社会分業が複雑となり利害分化がすすむ

(2)　民主化の結果、価値選択が複雑となり価値分化がすすむ

ここから、数千年つづく農村型社会の共同体・身分が崩壊して、個人が市民として自立しうるようになるとともに、経済では「市場経済」、社会では団体・企業の自治という「社会分権」が不可避とならざるをえません。このため、その政治統合はもう国レベルのみではできず、自治体、国、国際機構の三レベルへと政府も重層化し

図1－15　政府各レベルでの現代政治原理（分節政治）模型

〈問題点〉	〈可能性〉	〈普通市民政治原理〉
①　大衆操作・官僚統制	→市民活動の自由	＝①　市民自由
②　団体・企業の外郭組織化	→団体・企業の自治	＝②　社会分権
③　政党の未熟・腐敗	→政府・政策の選択・選挙	＝③　複数政党
④　政府（行政機構）肥大の進行	→議会・長の分立，裁判所の独立	＝④　機構分立
⑤　市民の無関心・無気力	→政府への批判の自由（＋選挙）	＝⑤　市民抵抗

ます。

これが、Ⅰ市民活動、Ⅱ団体・企業、ついで政府としてのⅢ自治体、Ⅳ国、Ⅴ国際機構（**図1－8**・本書六六頁）というかたちで、社会・政治関係の多元・重層化つまり分節構造をうみだし、さらには**図1－15**のように、各政府レベルでの、①市民自由、②社会分権、③複数政党、④機構分立、⑤市民抵抗、という分節政治を生みだしていきます。

この市民政治としての分節政治は、(1)局地の破綻を全体の崩壊につなげることなく「現場」で解決するとともに、全体への警鐘となるようなシクミの造出です。そこでは、(2)各「現場」が政策・制度の発生源となるとともに、また相互の調整の主体になるという、分節均衡の創出となります。とすれば、(3)地域規模から地球規模までの自治・分権が不可欠となり、かつて権限・財源を集中した国家単位の官治・集権の終焉となるのは不可避といわざるをえません。

このため、今後、市民文化の成熟につれて、しかも、すでに崩壊した「国家論」にかわって、新たに《市民》を主体とする「自治」ついで「公共」という基本概念が、政策・制度の構想のレベルで具体的に問いなおされることになります。私は、古代の普遍宗教における『論語』や『マタイ伝』などが開示し、近代にいたって「市民社会」の概念の基軸となった市民の〈相互性〉をふまえた、「自治」さらには「公共」についての再定義・再定位が急務と考えます（拙著『転型期日本の政治と文化』第1、2論考、二〇〇五年、岩波書店参照）。

日本の今日の若い世代は生まれながら都市型社会だったため、社会・政治変動という歴史感覚を喪失しがちであるのとは異なって、私はちょうど、農村型社会から都市型社会への移行という、日本列島はじまって以来の急激な社会・政治変動を生きかつ「経験」しえたといえます。

この意味で、**図1−1**（本書二一頁）でのべた日本の近代化Ⅱ型段階（階級闘争）から近代化Ⅲ型段階（大衆政治）をへて、新たに先進国型の「分節政治」をかたちづくる《市民政治》段階への移行にともなう、「市民文化」の熟成、「政策・制度型思考」の熟達という、時代の課題を《理論》として考えながら、時代とともに模索しつつ、私は歩んだようです。ありがとうございました。

2

公共政策づくりにとりくむ

[1] 政策開発・政策研究の背景

一九八〇年代以降、地球規模での冷戦の終わりもあって、日本における政治対抗軸は《保守・革新》から《官治・自治》に転換していく。ここから、政策開発・政策研究の重要性、緊急性がひろく理解されるようになってきました。すでに数十という政策・計画にかんする専門学会があります。また政策専門の学科、学部、大学院も新設され、今後急増すると思われます。既存学部でも、政策にかんする講座のくみこみがふえてきました。政策づくりを専門とする、あるいは商品化する研究所やシンクタンクもこれに加わっています。また、市民活動、団体・企業、さらに自治体、省庁・内閣、くわえて政党にも、政策研究所が設置されはじめていきます。

日本も、後発国特有の「輸入理論」信仰の段階が終わって、「実務」としての政策開発・政策研究にとりくみ、社会理論全域を再編する時代にはいってきたといえます。日本公共政策学会の創立（一九九六年六月）は、この意味では不可欠だったといえるでしょう。

明治以来、欧米をモデルに「国家」による近代化をめざした官治・集権政治をかたちづくり、戦後もこの官治・集権政治の考え方を、旧保守・旧革新のいずれもが引きついできました。そこでは、幻想をもつにせよ、批判するにせよ、政策づくりは国家つまり官僚機構の秘術とみなされていたのです。

しかし、一九八〇年代以来、日本なりの近代化の成熟による都市型社会への移行をみて、閉鎖国家型の官治・集権政治つまり明治国家の解体・再編が、二〇〇〇年前後からようやく日程にのぼってきます。「分権化・国際化」をめざした、自治・分権政治への政策・制度転換が日本で急務となってきたからです。

すでに、国の政治・行政の劣化が内外から批判され、後・中発国状況にひろくみられる、(1)国家観念・官僚統治への崇拝、(2)固いイデオロギー・教条理論への盲信も終わっています。ようやく政策開発、政策研究について、「総合的・方法的」に検討し、社会理論を再編する段階に、日本もはいってきたといわざるをえません。

私事にわたって恐縮ですが、日本が都市型社会にはいりつつあった一九六五年、「知的生産性の現代的課題」(『展望』同年七月号、拙著『シビル・ミニマムの思想』東京大学出版会所収)というかたちで、日本では過小評価されてきた、「政策理論」の構成、ついで「政策知識人」の形成を主題として、政策・制度研究の新フロンティアを提起しました。一九七六年、日本のいわゆる〈社会科学〉の後発国型非生産性を批判したOECD報告『日本の社会科学政策』(講談社学術文庫)に先だつこと、一〇年前でした。

私のこの問題設定には、そのころ、自民党周辺のニュー・ライトの「構造政策」と、社会党周辺のニュー・レフトの「構造改革」をめぐる論争(くわしくは、拙著『戦後政党の発想と文脈』二〇〇四年、東京大学出版会参照)が背景となっていました。

一九六〇年代、日本は都市型社会にはいりはじめたため、政策開発をめぐって「理論」ないし「知」の形態転換がはじまったのです。それまでは、国家観念と同化あるいは対立する空虚な《自我》つまり〈私〉における内面性、精神性、思想性に惑溺する知識人が〈高級〉とみなされていました。

この一九六〇年代以降、新しく政治主体となる「市民活動」の出発、「自治体改革」の展開が日常としてはじまります。一九八〇年代ともなれば、日本の経済大国化にともなう国際責任の増大、また冷戦の終焉、さらに一九九〇年代には日本の行政劣化・財政破綻の露呈をめぐって、ようやく、政策開発・政策研究が時代の緊急要請になります。この論点については、一九九一年に、『政策型思考と政治』(東京大学出版会)でまとめています。

［2］政策型思考の熟成が急務

政策開発・政策研究には《政策型思考》の自立ないし成熟が不可欠です。だが、日本にはその阻害条件が続いてきました。

この阻害条件の基本には、まず政策はオカミがつくるという国家神話ないし官僚統治の残映があります。そのうえ、日本ではとくに職業の移動が少ないことが決定的です。たしかに一九八〇年代ごろから、日本の経済力上昇もあって、シンポジウム、学会などをとおした職業間ないしは専門間、あるいは国際規模をふくめた交流がみられるようになっています。だが、日本ではなお、閉鎖身分型の終身雇用、あるいは退職金・年金制度による〈職業分断〉が強い点に、留意したいと思います。

大学が政策開発の経験をもつ自治体あるいは国などの公務員出身者を迎えるようになったのは、いわゆる社会理論では一九九〇年前後からですが、大学から政府・行政機構への移動の多くはいまだ審議会どまりです。その結果、政策開発・政策研究に不可欠である、「現場」における政策づくりの〈経験〉、ついで政策技術・政策情報は、今日も各省庁縦割での実力政治家、あるいは閉鎖特権身分としての官僚とそのＯＢに独占されがちとなります。

もちろん、政策開発・政策研究の可能性は、ひろくひろがっています。

（一）明治以来、国に集中していた政策発生源が、都市型社会への移行により、市民活動、団体・企業、また政府としての自治体、国、国際機構というかたちで五層化するとともに、各層でも多元化してきました。政策主体としての責任をもつのは最後には個人ですが、政策発生源の多元・重層化がすすみます。

（二）欧米 対 日本、資本主義 対 社会主義という、かつてみられた二重の二極対立思考から解放されて、アジアと欧米、後発国と先発国という、ダイナミックな緊張の中で日本の位置を相対化し、比較を介して日本独善から解放され、普遍思考がようやくできるようになってきました。

とくに、日本での次の条件が、今日における政策型思考ないし政策づくりの緊急性を加速していきます。

(1) 国家統治をかかげて絶対・無謬性を誇示してきた後・中発国型官治・集権機構である日本の縦割各省庁での行政劣化が、構造汚職はもちろん、国富の浪費による財政破綻、とくにバブル、デフレをめぐる政策失敗、さらに個別には産業廃棄物や薬害、また建築基準、食品・医療基準また社会保健などザル法による底抜けをめぐって、政治家、省庁官僚に無責任がひろがっていること。

(2) 政治つまり政府・法制の課題が変わっても、旧来の職場慣行の固守、新しい改革先導の喪失、くわえて公共事業のムダ、外郭組織の自己増殖にいたるまでひろく露呈し、ここからあらためて分権化・国際化にむけた日本の転型が急務となってきたこと。

(3) 一九九三年の細川連立内閣の成立以降、戦前は元老・官僚・軍部、戦後は自民党政府下の政官業複合の内部に、〈国家〉の名でかくされてきた政策の相互矛盾ないし時代オクレが露呈したこと、国の政策は絶対・無謬ではなく、政治は政策をめぐる公開の政党間、あるいは諸意見間・諸利害間の妥協、スリアワセとなることがはっきりしてきたこと。

とすれば、政府政策をふくむ公共政策の研究には、（一）（二）、(1)(2)(3)をふまえた各職業間、各専門相互の交流強化とあいまって、マクロの戦略構想・ミクロの個別政策への模索、そのための独自の思考訓練・理論構築・

政策習熟に寄与しうる条件が、逆にひろがってきたと考えます。

政策一般、あるいは公共政策・政府政策の特性・構造・再編についての研究をおしすすめていくには、政策研究の基本論点をめぐって混線を避けるため、私なりにさしあたり最小限の整理をしておきたいと思います。

（一）公共政策とは何か

政策は市民生活の日常を起点として、市民活動、団体・企業、また各レベルの政府でつくられます。公共政策は、定義としては、次の三条件をみたす〈問題解決〉の手法となります。①個人では解決しえない「問題領域」で、②「資源の集中効果」があがるような制度解決ができ、③ミニマムの政策・制度整備として「市民合意」がえられる、という三条件です。それゆえ、公共政策「以前」は個人自治、公共政策「以後」は個人選択となります。

（二）公共政策の主体は誰か

今日では、公共政策は、いわゆる国レベルの政府政策に独占されず、**図1-8**（本書六六頁）のように、地域規模から地球規模にひろがる多様な①市民活動、②団体・企業、また政府レベルとしては③自治体（基礎自治体、広域自治体）、④国、⑤国際機構、それに政治媒体としての政党をふくめ、多元・重層化されます。

（三）公共政策と政府政策との分化

「公共政策」のうち、その特定領域は、**図1-9**（本書八四頁）に模型化したように、各政府レベルの〈基本法〉によって政治責任をになう各レベルの「政府政策」となりますが、この各レベルの政府政策もまた市民、団体・企業に分担されます。

[3] 政策循環・制度決定

ついで、公共政策全般をふまえて、政治責任を直接ともなう政府政策の構造を考えます。図2−1の《政策循環の三角模型》における[1]政策形成は、ミクロからマクロにいたる《問題解決》をめざす、争点化・政策化・制度化という政府政策の形成をめぐる循環をしめします。ここで留意したいのは、政策自体はいわばアイデアないしコンセプトをめぐる作文にとどまるので、政府政策として実効をもつには法制・予算をともなう《制度化》が不可欠という論点です。

制度化には「政策法務」による立法、ついで「政策財務」による予算が基本となります。日本のこれまでの政

図2−1 政策循環の三角模型

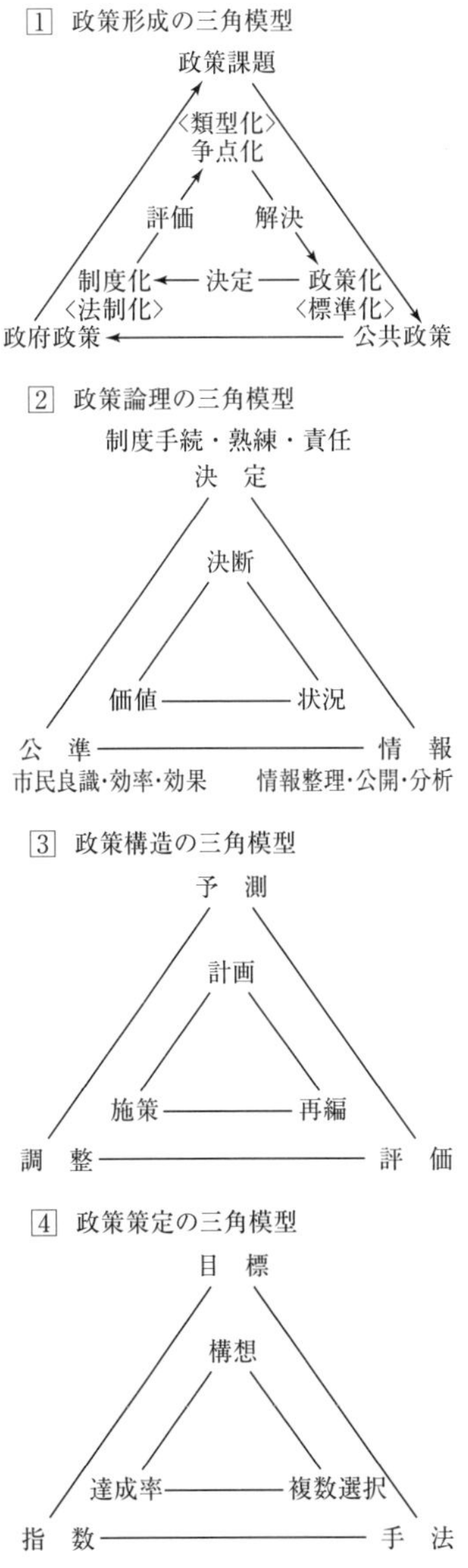

図2－2　政策過程・制度決定模型

[1]始動 政治決定	政治全体（市民→長・議会）	1	争点選択	政策争点の選択（issue）
		2	課題特定	政策課題の特定（agenda）
		3	目的設定	考え方の検討（concept）
[2]立案 原案決定	長か議会（行政機構の立案）	4	選択肢の設計	政策資源・手法の整序
		5	原案選択	提出権者による原案決定
[3]決定 制度決定	長・議会	6	合意手続	基本法手続による調整・修正
		7	制度確認	法制・予算による権限・財源の確定
[4]実現 行政決定	長・行政機構	8	実現手法・準則	行政手法・準則の開発・決定
		9	実現手続	行政手続の開発・決定
		10	進行管理	進行にともなう手順のくみかえ
[5]評価 評価決定	政治全体（市民→長・議会）	11	評価・改定	政策効果の制御による新争点化

（1～11を通じて：情報公開・政治調整）

策研究には、この法制・予算という制度化の次元が決定的に欠落して、エソラゴトとなっていました。この法務・財務も、今日では政府が自治体、国、国際機構に三分化するため、各政府レベルで独自性をもちます。

前頁**図2－1**の[2]は、「政策論理」の三角模型です。この三角の三極が政策研究のそれぞれの課題領域をしめします。

公準　これまでムシリ・バラマキ、権謀術数、資源配分といわれてきた問題領域での、**図1－12**（本書一〇五頁）にみるような準則づくりです。「正義」あるいは「比例原則」が古典的形態ですが、私のシビル・ミニマム論も都市型社会固有のこの論点への接近手法の開発でした。

情報　古来のスパイ情報から今日の世論までの「争点情報」、ついで近代国家以降の統計、地図から今日の衛星写真をふくむＩＴによる「基礎情報」、二〇世紀以降の個別科学の発達にともなう「専門情報」の三類型を考えたいと思います。

決定　「条件複合」のもとでの不完全情報をふまえて、政治責任をともなう、政治家の「決断」による「制度決定」です。決定の制度構造については、**図2－2**でそのシクミをまとめています。

図2－1の[3]は、政策の構造要因として不可欠な予測・調整・評価の緊張をしめします。なお、評価については**図2－3**のような制度構造を前提とするシクミをもつため、この評価主体の多元性からくる、評価の組織論が不可欠となります。

図2－1の[4]では、目標値・達成率・手法選択をめぐって「政策指数」が重要ですが、そのためのＩＴをふくむ情報技術は、政策開発・政策決定においてはこれまでと同じく、補助技術という位置づけとなります。計測装置の高度化による情報の集約・分析の技術がすすんでも、情報はつねに「不完全情報」という限界があるからです。

歴史がながく、それなりの蓄積がある天気予報あるいは経済予測も「条件複合」のため、政治におけるのとおなじでなかなかあたりませんが、「条件純化」のできる特定範囲内ではこの情報は不可欠です。

そのうえ、政治では、**図2－2**にみる決定過程の抽象図式だけでなく、政治家、ついでその政策スタッフの熟度、また政治機構、政治文化の水準が問われるとともに、「失敗の研究」をふくめた歴史事例へのたえざる考察も必要となります。

図2－3　政策評価の手続と主体

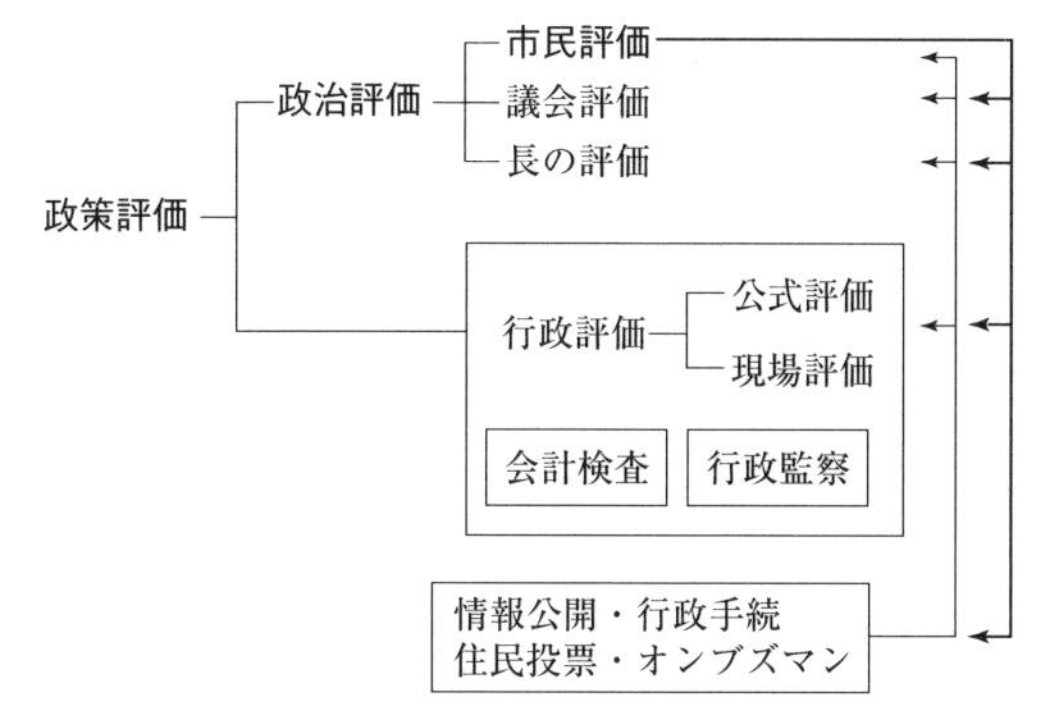

図2－4　政策型思考と科学型思考

政策型	科学型
問題解決〈決定〉レベル	問題解説〈情報〉レベル
目的設定	目的自由
手段論理	因果論理
発明的	発見的
構想的	分析的
規範的	実証的
条件複合	条件純化
合意性	客観性
多面性	一般性
選択性	一義性
Who・How	What

〔4〕政策型思考と科学型思考

最後に、政策（ポリシー）型思考と科学（サイエンス）型思考の類型的相異の認識が不可欠です。日本では戦前から戦後にかけて、政策は科学の「応用」とみなされがちでした。しかし、**図2－4**にみますが、ポリシーとサイエンスでは思考方法がちがうのですから、政策づくりとしての政策型思考については、制度型思考とともに、科学型思考からの自立を強調したいと思います。

事実、①科学は政策を外から実証分析できますが、②科学から政策をみちびきだすことはできず、ただ、③科学は政策にたいして情報のレベルで寄与しうるのみです。

科学型思考は、近代以降のその展開にみられるように、政治についても、その「外」から条件純化ができる限られた局面についてのみ実証・検証できます。だが、古来の孫子、マキャヴェリなどに原型をもつ政策型思考は、条件複合する政治の「中」から、不完全情報による《予測・調整》、ついでそのための手段の「組織・制御」をめぐる、資源動員の設計として登場します。

予測は政策策定を方向づける先見性、調整は政策実現をめぐる実効性を意味します。政治について結果責任が論じられますが、この結果責任は、実質的には政策選択ないし政策結果をめぐる予測責任あるいは調整責任とみなすべきでしょう。

そこでは、条件複合の政治ないし政策・制度についての情報は、「政治では明日はわからぬ」といわれるように、前述の天気予報、経済予測以上に不完全情報にとどまります。このため、政策型思考には、不完全情報をこえて、経験と知恵の蓄積をふまえる、熟成された構想力、くわうるにカンによる暗中飛躍としての決断が必要となります。ここでカンとは、決断者のこれまでの全人生にわたる経験と知恵の結集を意味します。だから、政治家には若き天才はありえません。政治組織では、この〈経験と知恵〉をめぐって、いわば「老壮青」の世代組合せが不可欠となります。

なお、政策が未来の構想つまり「予測」をめぐってたえず複数なりたつかぎり、複数党派が不可避となるとともに、合意をめぐって多数派をめざした意見・利害間つまり党派間の制度決定（立法・予算）をめぐる妥協・スリアワセが、「調整」という課題になります。予測が政策の先見性、調整が政策の実効性につながるわけです。予測なき調整は時流にのるただの妥協にすぎず、調整なき予測は幻想ないし作文にすぎません。


以上の問題性をもつ政策研究ついで政策開発は、私たち市民のミクロの生活課題からはじまり、時代のマクロの課題にも、大胆かつ個別・具体的にとりくみますが、ひろく政策発想については、その訓練・習熟が必要だということを再確認しておきます。

それゆえ、私たち市民みずから政策型思考に習熟するとともに、公共政策・政府政策をめぐっては、専門家としての政策知識人レベルついで政治家レベルまで、それぞれに、その開発・実現の水準・熟度について、きびしく、かつたえず、問いなおしていくべきだと考えます。

これまで、そしていまだに、日本でまったくといってよいほど未開拓だった、この政策研究の方法の共有ついでその水準の上昇が、市民からの政策構想、また公共政策・政府政策の開発さらに実現の手法をアクチュアルにしていきます。そのとき、政策研究には、専門情報をふまえるものの、現場の市民誰もが理解しうる簡明性・簡便性が不可欠となります。

（日本公共政策学会創立総会講演・一九九六年六月）

補論　公共とは何か

最近、「公共論」が論じられている。しかし、今日のところ、この公共論はかつての不毛だった「国家論」の焼き直しにとどまる。二〇〇〇年前後の日本では、財政緊迫をふくむ官僚行政の劣化、さらに政治家の未熟による国会・内閣の停滞が露呈して、「絶対・無謬」という、明治以来の国家観念が崩壊したため、国家論の崩壊となった。ここから、これまで「公共」を独占してきた明治型国家観念ないし国家論の崩壊にともなう思想・理論の空洞を、今日の公共論がその穴埋めをめざすというかたちになっている。

そのため、今日の日本の公共論では、次の「現代」的論点を理解できていない。

（1）公共は、市民の「相互性」つまり〈市民倫理〉に起点をもつとともに、市民が相互に、たえず再構築する市民の「課題」であるため、客観実在ではない。

（2）公共は、それゆえ、実際には「仮説」にすぎないので、個別・具体の「政策・制度」の開発・実現のなかでのみ、検証される。

（3）「分権化・国際化」の進む今日の都市型社会では、多様な①市民活動、②団体・企業が地域規模に深化し、地球規模に拡大するとともに、政府も三分化して、③自治体、④国、⑤国際機構となる。この五層間の緊張をはらむ都市型社会では、公共ないしその空間構造も「多元・重層」化する。

以上の三論点を提起できないならば、今日の公共論は、外国の理論家たちをふくめて、従来の「一元・統一」型国家論と同型といわざるをえない。時代錯誤の役立たずなのである。今日では、市民自治・市民共和をめぐる市民型公共へのこのような構想力が、公共をめぐる市民討議の過程で不可欠となる。

かつての一元・統一という、「国家主権」（ホッブズ）、あるいは「一般意志」（ルソー）が想定した国家幻想を、いまだに日本の公共論はひきずっている。都市型社会では社会形態の多元・重層化がすすむため、市民が「予測・調整」「組織・制御」するほかはない公共は、口先のレトリックではなく、個別・具体の「政策・制度」の策定としてのみ、検証されることにならざるをえない。

もちろん、市民活動、団体・企業も自立して担う、個別・具体の「公共政策」と、自治体、国、国際機構がそれぞれ政府責任をもつ特定の「政府政策」との区別も不可欠である。この区別をガバナンスという言葉であいまいにしてはいけない。あいまいにしないためにこそ、自治体基本条例、憲法、国連憲章という、三政府レベルでの「基本法」（本書第4論考参照）が必要となる。

公共（パブリック）としての市民と、その道具である政府との緊張を最初に定式化したのが、ジョン・ロックの『市民政府論』であった。国家主権をかざして近代「国家論」の祖となったホッブズをのりこえて、ロックはまず公共社会としての「市民社会」を定礎することにより、国家観念を市民社会と市民政府に分解する。市民政府は市民社会の可謬・可変の道具にすぎない。もしこの政府に悪政があれば、公共としての市民は抵抗権を発動して、政府を再構築する。

イギリス革命の集約となるこのロックの理論は、その後アメリカの独立ないし憲法、フランスの革命ないし憲法など、先進国型市民革命の基本発想となっていく（本書第1論考参照）。

ロックの「市民社会論」の系譜にたいして、ホッブズの国家主権、ルソーの一般意志の理論は、一九世紀ヨーロッパの後進国ドイツに流れこみ、とくにヘーゲル以降、官僚機構を中軸とする「国家論」の系譜をかたちづくる。この国家論は、日本はもちろん、ロシア、中国などの後進国知識人にうけつがれ、二〇世紀では後進国における開発独裁型の「国家（官僚）社会主義」となっていった。

明治以降の後・中進国「国家論」が日本でも崩壊する今日、公共との関連で改めて、ロックが構築した先進国「市民社会論」の再考が必要になっている。ロックにとっては、国家とは公共社会である市民社会の道具、つまり可変・可謬の政府にすぎない。つまり、最初から国家観念は市民と政府に分解しているのである。しかも、今日での公共は、さきにみた（1）（2）（3）の論点、都市型社会固有の「現代」的問題性をもつ。

ロックの主著『市民政府論』は読みやすい文章で、また前文の「信託」というかたちで『日本国憲法』の祖型をなしているにもかかわらず、日本で理解されないのはなぜか。

その理由は、拙著『政治・行政の考え方』（一九九八年、岩波新書）でも述べたのだが、明治維新前後から明治憲法制定のころまで、英米仏という当時の先進国理論が主導して、「明治啓蒙理論」ないし「自由民権運動」となるが、一九七一年ドイツ帝国の成立以降、ドイツの一九世紀後進国理論が明治憲法をはじめ、その後の帝国大学法学部の基軸理論となり、二〇〇〇年代の今日にいたっている。一九世紀にはヨーロッパでの後進国だったドイツ系の国家論が、明治からの講壇法学ないし官僚法学の正統となったのである。戦後も、アメリカの間接占領統治のため、戦前官僚組織ないし戦前官僚法学は温存されて持続していく。そのうえ、戦後は、日本とおなじく、国民主権をかかげる官僚国家のフランス憲法学が、官治・集権型講壇法学にくわわってくる。

二〇〇〇年代の今日もひろく、明示、黙示に、日本の政治家、法曹、ジャーナリスト、学者などに、この後・中進国型国家観念崇拝がみられる。この事態を反映して、国会における憲法論議の政治・理論水準も、当然低劣となる（本書第4論考参照）。

今日、都市型社会の成立にともなう分権化・国際化を基本に、後・中進国型の官治・集権政治から、先進国型の自治・分権政治への転型による、「公共論」の国家型から市民型への転換が、日本の急務となっている。

（総合研究開発機構『ＮＩＲＡ政策研究』二〇〇五年一月号）

3

自治体再構築の起点

私は、「時務課題」としての自治体ではなく、「理論問題」としての自治体についてお話しいたします。ちょうど会場の大学教室にふさわしい主題だと思っています。また、時務課題としての自治体については、ほかの講師の方々がそれぞれ取り組まれるようですから、理論問題は誰かがお話ししなければならないと考えました。

また、基本テーマとなっている沖縄への提言は、それこそ「地域自治」の原則にもとづいて、沖縄の市民の方々自身の問題ですから、私が知ったかぶりでお話しするわけにもまいりません。これまでもさまざまな方々からのたくさんの提言があったとは思いますが、基本は沖縄の方々自身の考え方、さらに沖縄の市民に応えうる政府としての市町村、県のあり方が問題となります。とくに、北海道と同じく沖縄県には、国の「探題」としての開発庁ついで開発局がおかれて、県庁の職員が自立できないため、これを廃止する勇気をもち、あらためて市民自治から出発する地域自治のあり方を問い直すことが不可欠だと考えます。

この市民自治ついで地域自治は、基礎自治体としての市町村、広域自治体としての県をいかに再構築するかという市民の課題と直結しています。とくに、〈二〇〇〇年分権改革〉後は、政治・行政責任を国のみに問うのではなく、各市町村、各県がそれぞれ政府としての独自責任をもつことに留意したいと思います。これこそが、自治・分権をめざす〈二〇〇〇年分権改革〉の意義だったのです。

だが、二〇〇〇年代の今日でも、実質はまだ官治・集権発想がつづく国ないし各省庁の政策は、都市型社会の成立、市民活動の自立という時代の転型に対応できず、時代錯誤となっています。また、国はもちろん、自治体ともに財政も破綻状態です。国、自治体あわせて、その借金はＧＤＰの一・五倍で、今日も刻々とふえつづけています。私たち市民は市町村、県の再構築ともいうべき改革に取り組みながら、考えかつ行動していかざるをえません。私の提言は、全国各地での《自治体再構築》つまり自治体改革をめざすことにあります。

[1] 都市型社会の画期性とその特性

日本の私たちは、二〇〇〇年代では都市型社会で生活しています。この《都市型社会》とは、文明軸としてのいわゆる工業化・民主化の成熟する先進国が、二〇世紀後半に成立させた〈社会形態〉です。

人類は、たえず移動する、ながいながい採取狩猟段階をへて、気候変動に対応しながら、ほぼ一万年近く前から定着農業をはじめ、五〇〇〇年前頃から地域文明を成立させるほどに農村型社会を成熟させはじめます。周知のように、メソポタミア、エジプト、インド、中国など、あるいはマヤやカンボジアなどの地域文明は、この農村型社会の成熟の産物でした。日本はおくれて二〇〇〇年前から農村型社会にはいります。

ついで、ヨーロッパの一七世紀前後から始まる、新しい文明原理としての《工業化・民主化》は、国家を〈媒体〉に全地球を結びつけ、全地球はほぼ欧米の植民地として再編されます。日本の明治国家の建設も、その衝撃のもとにはじまり、この時点が日本の工業化・民主化への出発となります。この工業化・民主化は、地球規模では、やがて第一次大戦以降、国際連盟の試行を生むとともに、植民地独立運動をうながし、第二次大戦後は、評価はともあれ、国際連合の成立をみます。

二〇〇〇年代の今日では、**図1-4**（本書四六頁）のような構造連関で、工業化・民主化が《普遍文明原理》

となるとともに、工業化・民主化の先進国では、数千年つづいた「農村型社会」を崩壊させて、新たに「都市型社会」に移行します。つまり、普遍文明原理としての工業化・民主化は各地域でそれぞれ個性をもちながら成熟し、順次、「農村型社会」から「都市型社会」に移行します。

この農村型社会から都市型社会への移行がいわゆる《近代化》でした。国家とはこの〈工業化・民主化〉、つまり近代化の「過渡媒体」だったのです。この「都市型社会」に移行すれば、「国家」は**図1－8**（本書六六頁）のように、自治体、国、国際機構という三政府レベルに分化していきます。そこでは、政府だけでなく、経済、法、文化も三層化し、**図1－3**（本書三三頁）のような構造連関をもつことになります。

今日、いまだ「農村型社会」にとどまっている地域ないし国が多いのですが、この後発国をふくめて、全体としては、先進国の「都市型社会」が生みだした、**図1－7**（本書六四頁）にみるような三政府レベルの重層構造をもってきます。

この新しい〈社会形態〉としての「都市型社会」における私たち市民の《生活様式》は、当然、かつての〈社会形態〉である「農村型社会」とは異なります。「農村型社会」の生活様式は、定着農業を土台とする共同体＋身分からなりたっていました。だが、国家による工業化・民主化の強行は、**図1－4**（本書四六頁）にみたような、テクノロジーの発達とともに、人口のサラリーマン化を推し進めて、「農村型社会」の共同体＋身分を崩壊させ、二〇世紀後半では「都市型社会」に移行し、またマス・デモクラシーを生みだします。

「農村型社会」では、農業生産力が低いため、ほぼ人口の九〇％前後が農業などを生業としていました。だが、近代化の開始とともに工業化がすすみ、農業生産も上昇するため、農業人口が減って、人口は労働者化ないしサラリーマン化（マルクスやウェーバーのいうプロレタリア化）しはじめます。農業人口が三〇％をきった段階を

「都市型社会」のはじまり、一〇%をきる段階をその成立と、私は位置づけています。日本でも、一九六〇年代が「はじまり」、一九八〇年代が「成立」です。

この「都市型社会」では、「農村型社会」におけるムラ単位の〈旧慣〉による地域自給中心の生活様式は終わり、図1－6（本書五六頁）に整理したシビル・ミニマムをめぐって、自治体、国、国際機構三レベルの政府がそれぞれ政府課題を分担して、〈政策・制度〉による問題解決が必要となります。つまり、問題解決の「規模」によって、政府は自治体（地域規模）、国（国規模）、国際機構（地球規模）の三層へと重層化することになるのです。

数千年つづいた「農村型社会」と、二〇世紀後半以降に成立していく「都市型社会」との構造的相異が、ここにあります。拙著『都市型社会の自治』（一九八七年、日本評論社）、『政策型思考と政治』（一九九一年、東京大学出版会）に、この都市型社会の特性と位置をまとめています。

［2］ 自治体は政治責任をもつ政府

「都市型社会」における私たち市民個人は、「農村型社会」の共同体が崩壊しているため、図1－6（本書五六頁）で整理したように、①社会保障、②社会資本、③社会保健をめぐる政策・制度によって、その「最低限度」（憲法二五条）を、シビル・ミニマム（市民生活の最低基準）として保障されないかぎり、生活ができないという構造特性をもちます。

昔話の『桃太郎』を想起してください。「おじいさんは山に柴刈に、おばあさんは川に洗濯に」となっています。柴刈りは今日では石油、ガスなど地球規模のエネルギー・ネットワーク、洗濯には遠く離れたダムから下水処理にいたるまでの巨大なシステムという②〈社会資本〉を必要としているではありませんか。それに、おじいさん、おばあさんについてのシビル・ミニマムの公共整備をめぐっては、さらに、①〈社会保障〉あるいは③〈社会保健〉をくわえて、政策・制度課題は山積し、「農村型社会」のようなムラ単位の自治ないし自給中心による解決はもはや不可能となっています。

ここから、私たち市民は、「農村型社会」のような共同体慣習による問題解決がもはやできず、「都市型社会」での政策・制度型の問題解決をめざすことになります。それゆえ、〈個人自治〉で解決できる範囲をこえた特定の生活課題領域についての《公共解決》のために、私たち市民は税金を払うとともに選挙によって、「政府」を構築せざるをえなくなります。ついで、ミニマムの公共解決以上は、また〈個人選択〉となります。

この政府も、二〇世紀前半までは国レベルの政府、つまり国だけでよいと考えてきました。だが、二〇世紀後半以降になりますと、自治体、国際機構も政府として不可欠となることが、ようやく理解できるようになります。これが、今日、地域政府としての自治体の「発見」、国際機構（国連ならびに各種の国際専門機構）の「創設」となります。これらの政府の特性・機構・課題を整理しますと、**図1－7**（本書六四頁）になります。

まず、私たち市民は、個人で解決できる問題は「個人自治」で解決します。だが、個人だけで解決できないとき、《公共》の政策・制度、つまり「公共政策」をつくり、とくに基幹課題は「政府政策」となるため、市民は《基本法》（後述）にもとづいて、〈納税〉と〈選挙〉で「政府」をつくります。

私たちは、そのとき、政府としては、第一に基礎自治体（市町村）、ここで取り組めない課題のために広域自治体（県）をつくり、その運営・管理のため、選挙（長・議会の選出）、納税（市町村税・県税）をおこないます。

つぎに、これらの自治体で解決できない公共課題を解決するため、自治体の補完として国レベルの政府を選挙・納税で創出し、さらに、間接的となりますが、今日では国が「選挙・納税」して構成する各種の国際機構も不可欠となります。

つまり、市民が、自治体、国、間接的には国際機構へと、順次、各政府レベルの「基本法」、つまり自治体基本条例、憲法、憲章にもとづいて「権限・財源」を補完しながら信託しているわけです。これが現代の三分化した政府についての、「補完原理」による《複数信託論》という考え方、つまり理論構成となります。

図3－1　政治循環模型

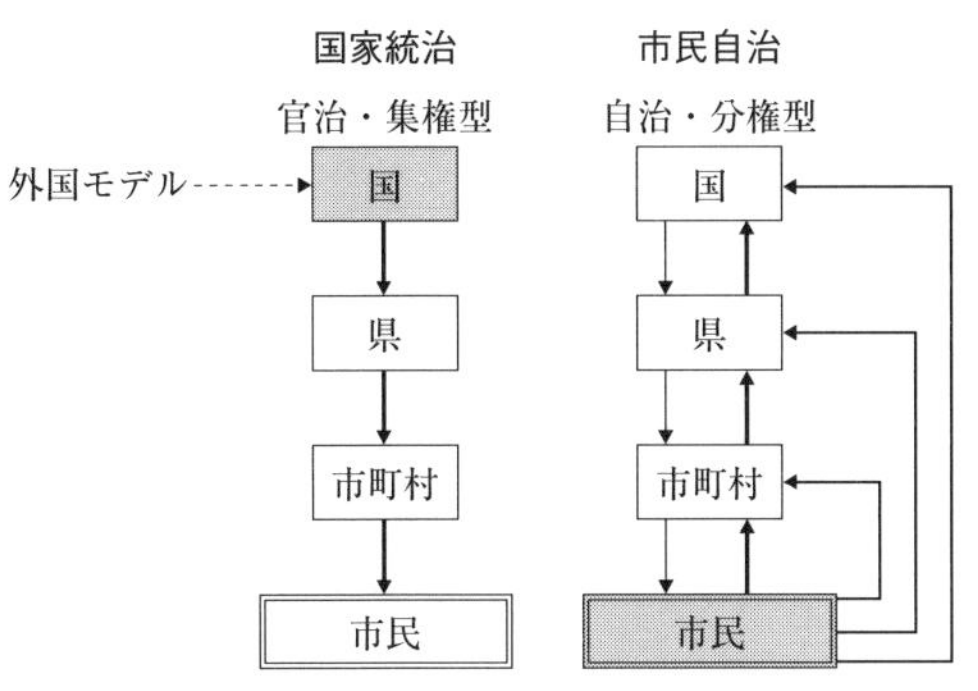

としますと、従来の考え方のように、天空にぶらさがっている「国家」が全能で、この国家から自治体あるいは国際機構が派生するという、「国家統治」型〈派生〉理論の時代は終わりとなります。今日では、当然、『ヨーロッパ地方自治憲章』あるいは国連系の『世界地方自治憲章（案）』にもみられるように、市民の「必要」から、自治体、国、国際機構へと、多元・重層性をもつ《信託》によって政府を積み上げていく「市民自治」型《補完》理論が、社会・政治理論として不可欠となっています。

『ヨーロッパ地方自治憲章』以前の一九七五年、『市民自治の憲法理論』（岩波新書）で、以上の理論構成の祖型を私はかたちづくります。日本の理論状況も、二〇〇〇年の「分権改革」によって、この拙著でのべた「補完原理」ついで〈複数信託〉に実質変わりつつあります。

それゆえ、前頁図3－1のように、国家統治（後・中進国）型から市民自治（先進国）型へという、政治循環模型の決定的転換がおきていきます。〈二〇〇〇年分権改革〉後は、明治国家以来、国は政治・行政、自治体は〈行政〉のみと考えられてきましたが、日本でも自治体ではじめて、政府としての〈政治〉・行政がはじまるのです。

[3] 二〇〇〇年分権改革は何をおこなったか

明治以来の官治・集権のトリックだった「機関委任事務」方式を廃止するとともに、「通達」を失効とした『地方自治法』の大改正による《二〇〇〇年分権改革》は、今日の都市型社会の構造に対応しうるように、日本の政治・行政を国家統治型から市民自治型への転型、つまり官治・集権から自治・分権への転型となって、画期となる第一歩でした。

周知のように、戦前の明治国家では、県は国の直営支店、市町村は県の代理店とみなされていました。この市町村を国、県につなげるトリックが、いわゆる「機関委任事務」手法だったのです。戦後は、『日本国憲法』の制定によって、県も市町村とおなじく自治体としたため、国と県との間でも「機関委任事務」方式という官治・集権型のトリックをつかうことになります。

このとき、「機関」とは国の機関としての知事、市町村長を意味します。つまり、自治体の市民代表である知事、市町村長を、国の機関つまりあたかも「手足」としてつかうというのが、この「機関委任事務」方式のトリックたる所以でした。しかも、県、市町村それぞれの基幹課題は、実質、国の「機関委任事務」となっていたのです。それゆえ、国からみれば、自治体選挙は市民代表の選出手続ではなく、国の手足つまり機関である知事や市町村長の選出手続だったことになります。

知事、市町村長という自治体の首長は、自治体課題の基幹が機関委任事務であるかぎり、国つまり省庁縦割の国法ついで通達・補助金基準の枠組のなかでのみ「決定」できる、国の機関にすぎなかったのです。県、市町村の議会も、この機関委任事務については、質問はできても、原則として「審議」は禁止、「条例」も禁止でした。市町村、県は、実質、《自治体》ではなく、国の省庁が縦割で操る《地方公共団体》だったのです。

事実、自治体職員は、この機関委任事務のトリックによって、「行政とは国法の執行である」というかたちで、実際は国の縦割省庁の細かい通達・補助金にしばられていました。いわば、省庁が乱発する縦割の通達・補助金などの基準をアンチョコないし虎の巻として、そのとおりに執務しました。自治体職員は思考停止状態におかれていたのです。

戦後も戦前とおなじく、各市町村、各県とも、独自の政策・制度開発は、一九六〇年代にはじまる市民活動に触発された先駆自治体をのぞいては、考えてはいけない、とされていたのでした。最近は自治体の研修が政策開発中心にかわってきたためようやく変わりはじめましたが、これこそが自治体職員を官治・集権型に〈育成〉するという、自治省系の自治大学校、市町村アカデミーの設置理由でもあったのです。

以上の明治以来の、しかも戦後もつづく政治・行政の官治・集権構造について批判したのが、一九七五年の拙著『市民自治の憲法理論』でした。その衝撃性は、ここでご理解いただけるでしょう。

だが、二〇〇〇年前後ともなれば、日本なりの都市型社会の成立、また市民活動の定着もあるため、官治・集権型の政治・行政からくる政治未熟、行政劣化、さらに経済老化、財政緊迫が誰の目にもあきらかになります。

ついに、中進国型の自民党永続政権が終わる一九九三年の緊張状況のなかで、先進国型の自治・分権をめざす政治・行政の再構築が、おくればせながら政治日程にのぼったのでした。いわば《日本再構築》への最初の成果が、一九九三年の国会分権決議をふまえ、機関委任事務方式の廃止をめざした『地方自治法』の大改正という、「地方分権推進委員会」がおしすすめた《二〇〇〇年分権改革》だったのです。

明治以来、県、市町村は官治・集権型に構築され、戦後も『日本国憲法』第八章「地方自治」の規定にもかかわらず、旧内務官僚が骨格をかたちづくった『地方自治法』によって、「機関委任事務」方式が温存・強化されてきたわけです。さらに、戦後日本の経済成長、ついで都市型社会への移行にともなう、シビル・ミニマムの公共整備という政治・行政の課題増大とともに、かえってこの機関委任事務方式は拡大します。その結果、二〇〇〇年前後には縦割省庁を基軸とする政官業癒着が政治・行政の肥大・硬直、さらに借金増による国、自治体の財政破綻という事態をむかえ、分権改革はついに不可避となったのでした。

機関委任事務方式の廃止という、二〇〇〇年分権改革は「やらざるをえない」必然ともいうべき転換だったのです。この分権改革について、課題ついで理論での「成熟改革」と、私が位置づけた理由です。そのうえ、この分権改革が二〇年以上おくれたため、国富の配分方法をあやまり、二〇〇〇年前後、巨額の政府借金がかさなる「日本沈没」状況をまねいたのでした。

この二〇〇〇年分権改革では、機関委任事務方式の廃止による権限の再編にとどまりましたが、財源については、二〇〇〇年前後からデフレで急進した国ついで県、市町村それぞれの財政破綻にともなって、(1)政府間税源再配分を基本とする、(2)地方交付税交付金の再編、(3)補助金の整理・縮小という〈三位一体〉改革というかたちで、ようやく日程にのぼります。だが、国は財政破綻状態のため、この財源再配分は自治体財源の縮小をともないながら、実質今後一〇年以上かかるでしょう。

この分権改革の理論構成とその意義については、拙著『日本の自治・分権』、『自治体は変わるか』（一九九六年、一九九九年、いずれも岩波新書）、また、今日の自治体の問題性については、拙著『自治体再構築』（二〇〇五年、公人の友社）を参照ください。またこの改革に地方分権推進委員会の座長として直接とりくんだ当事者西尾勝さんによる『未完の分権改革』（一九九九年、岩波書店）が、その過程と論点を整理しています。

［4］ 制度改革めざす〈自治体法務〉

二〇〇〇年分権改革によって「機関委任事務」方式という官治・集権トリックを廃止したため、市町村、県ともに、自治体はみずから〈政治・行政〉の責任をもつ《政府》という位置づけとなります。市町村、県は、課題は異なりますが、**図1－7**（本書六四頁）のかたちで、それぞれが独自政府となります。

ここから、政治・行政、とくに政策・制度開発の責任をもつ政府として、自治体の再構築が不可欠となっていきます。とりわけ、市町村、県は、明治以来、国の責任とみなされてきた自治体レベルの法務・財務責任を、あらためて市民にたいしてもつことになります。市町村、県ともに、選挙・納税をとおして市民から、**図1－7**にみたように、それぞれ政府課題は異なるものの、国とおなじく政府としての権限・財源をそれぞれ市民から「信託」された政府となったためです。

あらためて留意いただきたいのは、明治以来、日本の小学校から大学まで教えつづけてきた「行政とは国法の執行である」という考え方です。この考え方は、国法による官僚主導の〈近代化〉をめざした官治・集権型国家統治、とくにそのトリックの機関委任事務方式を基本としてなりたっていました。

都市型社会の成立をみるとき、市民主権から出発し、地域特性を活かす自治・分権型の政策・制度の構築を各市町村、各県が自治体政府としておしすすめないかぎり、官治・集権型の旧来の考え方では地域個性をもつ市民からの「課題」ないし「必要」に対応できなくなっていきます。

もし、行政が〈国法の執行〉にとどまるならば、日本のみならず世界各国もおなじですが、省庁は縦割「事業部制」をとっているため、①全国画一、②省庁縦割、③時代錯誤の行政となってしまいます。それゆえ、市民の文化・情報水準が変容し、市民活動が群生して、官僚や自治体職員の文化・情報水準をこえはじめる都市型社会では、当然、各市町村、各県とも、それぞれ①地域個性、②地域総合、③地域先駆を発揮できるよう、自治体の権限・財源を整備して、官治・集権型から自治・分権型に、政治・行政を再構築することが不可欠となります。これが、二〇〇〇年分権改革の基幹課題だったのです。

都市型社会では、**図3-1**（本書一四九頁）の「政治循環模型」にみたように、後・中進国型の国家つまり官僚主導による〈近代化〉はもはや終わっているのですから、政治・行政は、「国際基準」もふまえながら、「地域特性」を活かす、自治体からの出発という〈多元・重層構造〉の造出というかたちで、「分権化・国際化」せざるをえなくなっています。

とすれば、この変化した自治体課題に対応できるよう、市町村、県ともに、みずから「政策・制度」の開発にとりくむことになります。ここから、**図2-1**（本書一三三頁）の、《政策循環の三角模型》をふまえて、いわば政策の「制度化」ないし法制化という《法務》（↓立法）が、後述の《財務》（↓予算）とともに、不可欠になります。

この自治体法務では、①条例の「自治立法」、ついで②国法の「自治運用」へのとりくみが課題となります。この①②の法務課題は、財務課題とならんで、「機関委任事務」方式の廃止によって不可欠となった自治体の新戦略領域です。そのとき、自治体では、従来型の法解釈中心の(a)訴訟法務よりも、たえず生起してくる市民や地域の課題あるいは必要、つまり問題解決をめざして市町村、県みずからが新しくつくる政策の法制化という、(b)「政策法務」、とりわけ「立法法務」が不可欠となります。

日本の法学は、明治以来、また『日本国憲法』五〇年余の今日でも、立法とは官僚による国家統治の秘術とみなしてきました。戦後も立法機関の「国会」は、実質、明治憲法とおなじく「協賛機関」でした。このため、大学法学部の講壇法学では、既成国法を絶対・無謬とみなす「解釈学」がその中心になり、時代の変化にプラグマティックに対応するための、自治体また国での新立法をめざす「立法学」の形成がいまだみられません。これが日本の後進国型法学の現状です。

それゆえ、自治体法務の自立は自治体再構築をめざすことになります。しかも、今後は、市民立法活動をふまえて、自治体立法が自立し、この自治体立法の成果としての自治体条例が国法の改革をうながすといった循環が、さきにみた**図3－1**（本書一四九頁）の市民自治型で進行することになります。「市民主権」による自治体再構築の当然の帰結です。この自治体からの「国法改革」は、①自治立法、②自治解釈につぐ自治体法務の③の課題となります。

私がかねがね提案してきたように、市町村、県ともに法務職員の独自養成が急がれ、それに県、市では文書課あらため「法務室」、あるいは町村については県単位の町村会における「法務センター」の設置などが不可欠となり、すでに設置されてきました。しかも、市町村、県、国の政府間で法運用をめぐる政治対立がおきるとき、かつての機関委任事務方式のもとで国が県、市町村を訴える「職務執行命令訴訟」は廃止されています。二〇〇〇年分権改革では、第三者機関をはさみますが、市町村、県が国を、市町村が県を訴えるという、訴訟手続の逆転となる「政府間調整訴訟」になったのです。

この自治体法務の実態と課題については、前掲拙著『自治体は変わるか』第4章「自治体法務へのとりくみ」、おなじく『転型期日本の政治と文化』第5論考「政策法務と自治体再構築」を参照ください。

[5] 行政革新にとりくむ〈自治体財務〉

二〇〇〇年分権改革にともなう、自治体政府における政治・行政責任の成立は、法務だけにとどまらず、財務にもおよんできます。日本の自治体では、従来の官治・集権型財政構造のなかで、最後は国がめんどうをみてくれるだろうという甘えを、たえずもってきました。それゆえ、財源の自然増のある経済高成長期、つづいてバブル期にも、国の予算編成期には、自治体間ではみずからルールをつくることができなかったため、長や議員が大挙上京して、国会や省庁に圧力をかけるという、ナサケナイのですが、ムシリ・タカリの儀式を慣行として定着させていました。

だが、自治体からの圧力、国の政治家・官僚によるバラマキによって、ついに二〇〇〇年代ともなれば、国・自治体ともに日本の財政は破綻状態になります。国、自治体あわせてその借金は、日本は突出してもう返せない規模ですが、GDPの一・五倍となり、今日も日々刻々とふえていることは前述しました。EUへの加入条件が、GDPの〇・六倍ですから、いかに日本の借金が超絶しているかがおわかりいただけるでしょう。それに国の予算収入でも、その半分近くが国債という惨憺たる状態に一時はなっていました。行政が水膨れしたまま自治体の財務内容が悪化し、破産状態の市町村、県もふえていきます。日本の官治・集権型の政治中核をかたちづくった、国、県、市町村各レベルの政官業学の複合が、いかに無能かつ無責任だったかを露呈したのです。

だが、問題はこの「過去」だけではありません。「未来」にもあります。

（一）日本は経済先進国となりつつありますが、八%、一〇%という高い経済成長率がつづくのは中進国段階だけです。かつての日本をふくめ、今日のロシア、中国、インドなどに、今日、この高成長率は共通にみられます。経済規模の大きい日本では、今後低成長にはいるため、国、自治体ともに税収の自然増はあまりなく、時折はマイナス成長もありえます。

（二）日本は少子高齢化による人口絶対減となるため、ことに自治体レベルでは、県庁所在市、政令市、東京都心区をふくめて、よほどの政策成果あるいは立地などの幸運がないかぎり、中・長期には人口減、その人口も担税力の低い年金生活者が多くなるため、税収減となります。これにくわえて商店の活力喪失、工場立地の再編となれば、地価下落となり固定資産税なども下がっていく。ここからも、国・自治体間の財源再配分ないし税制大改革は不可欠とならざるをえません。

のみならず、(a)旧自治省が交付税特例措置などであおった国内市場拡大、景気対策への自治体財源の動員、あるいは総務省による市町村合併の強行からくるのですが、合併特例債による自治体の借金増、(b)職員年齢の逆ピラミッドからくる給与増、これにつづく退職金危機という、各自治体の個別政治責任がくわわります。

この（一）（二）、(a)(b)は、いわゆる自治体合併によっては解決しえない構造問題です。総務省の無責任による合併特例の異常な財源措置は、今後の人口減もあって、かえって合併自治体にハコモノの廃墟をつくるだけという、無残な逆効果を生みだすことを覚悟すべきでしょう。

とくに、自治体税収減、国の交付税特別会計の破綻による地方交付税減、高齢職員増による人件費増のため、市町村だけの平均でみても、直近の二〇〇四年で経常収支比率〔一般財源から減税補塡債、臨時財政対策債を除く〕では九七・〇、〈除かなければ九〇・五〉（八〇がのぞましい）、また二〇〇三年・公債費負担比率で一七・五（一〇がのぞましい）となってしまっています。

これに二〇〇七年から五年以上はつづく退職金危機にたいしては、総務省への批判回避のため安易にきめた退職手当債の拡大で、各自治体の将来負担つまり借金がさらにふえます。経済が回復して利率があがれば、これらの借金はやがて雪ダルマ式にふえるという覚悟が、借金にたよる自治体では不可欠です。

としますと、国も破産状態ですから、国からの救済をもはや期待できないため、市町村、県ともに自治体にふさわしく、自治体としての誇りをもち、独自の政府責任として、この財源危機に自治体再構築をめざして、とりくまざるをえません。

そのとき、当然ながら、シビル・ミニマムという政策公準の再評価となります。自治体をふくめて、ひろく政治・行政では、ミニマム以上の政策・制度は持続できないのですから〈拙著『自治体再構築』第3論考「シビル・ミニマム再考」、二〇〇五年、公人の友社参照〉、経営体である自治体は、高成長期、バブル期の自然増収からきた、ついでその後のデフレ期でも「景気対策」の名で借金を水膨れさせてきた従来の政策・組織・職員の再編、つまり〈自治体再構築〉にとりくまざるをえないことになります。

とすれば、日本では、これまで収入問題つまり政府間の財源配分を論ずる「財政」論しかなかったのですが、あらためて支出問題つまり人件費をふくめた個別自治体での政策・組織・職員の再編というヤリクリ、つまりスクラップ・アンド・ビルドを課題とする、今まで欠落していた「財務」論によって、個々の自治体はみずから財務責任をになう必要があります。いわば、財政は収入論つまり国・県・市町村間での「財源配分論」、財務は支出論つまり「政策選択論」といってよいでしょう。

ことに経済回復によって財源のゆとりがでても、利率もあがって従来の借金が雪ダルマ式にふくらみますから、この財源のゆとりは借金返済にしかつかえません。このため、新政策のビルドは旧政策のスクラップによってしか、財源はでてこないことになります。

財務をめぐっては、原価計算・事業採算の導入・公開、入札改革、外郭組織再編、また予算・決算書の款項別から施策別への転換、さらに連結財務諸表の作成、あるいは補修・修景の技術開発といった、自治体にとってこれまで未開の領域である技術開発に、オクレバセながらとりくまざるをえなくなります。従来の旧自治省・現総務省の問題設定が、ここでもタチオクレていたことを、きびしく批判したいと思います。

自治体法務とならぶ新課題としてのこの自治体財務についても、これまでの財政課とは異なる、少数専門職員からなる「財務室」を、長直属ないし企画課、総務課に新設して、単年度発想の大福帳方式という、明治以来の官庁会計方式にとどまる財政課の体質改革をはかるべきでしょう。事実、総務省方式のバランス・シートづくりも黒字倒産の論理となっているだけではありませんか。そのとき、国のマニュアルによる国への報告用と、わが自治体独自開発の財務方式による報告書の二つを作成し、いずれも公開すべきです。

なお、この自治体財務については、前掲拙著『自治体は変わるか』第5章「自治体財務という新課題」、ついで拙著『転型期日本の政治と文化』第6論考「転型期自治体における財政・財務」をふまえて、具体的にご検討ください。今日の各自治体の財務状況は、たんなる経費節減をこえて、各自治体みずからにおける政策・組織・

職員をめぐる深部からの再編・再生という、市民ないし政治家の政治主導による、自治体再構築なくしては対応できません。

〔6〕 自治体基本法としての「基本条例」

二〇〇〇年分権改革にともなう自治体、つまり市町村、県の「政府」としての自立、ついで自治体法務・財務の戦略的緊急性をめぐって、各自治体は新たに《基本条例》の策定にとりくむことになります。この「基本条例」という言葉は一九九〇年代に造語しましたが、政府が自治体、国、国際機構へと三分化するとき、自治体の基本条例は、国の憲法、国連の憲章とともに、「政府基本法」の制定として、必然の課題となるからです。

この自治体基本条例については、戦後の日本で、アメリカからの発想にもとづいて自治体憲章ないし都市憲章への模索が、その前史としてみられました。私は図1－3（本書三二頁）の政府三分化論にもとづくとともに、自治体は条例制定権をもつため、条例の新しい〈運用方式〉として、この《基本条例》という考え方を提起しました。基本条例の位置については、次頁図3－2「自治体政策の構造論理」をみてください。

なぜ、自治体に基本条例が必要なのかは、自治体が政府としての政治責任をもつかぎり、自治体の政治・行政、ついで法務・財務には、成文の市民合意が基本だからです。

第一に、市民の信託、つまり日常的には市民世論、市民活動、制度的には選挙、納税によって、その権限・財源を行使する自治体では、その政府としての「基本構造」（constitution）を市民みずからが、つねに確認して明示することが不可欠です。

第二に、自治体は政府として、政策・制度の策定、さらに法務・財務についての責任を市民にたいしてもつかぎり、従来のように国の省庁官僚に通達一本でふりまわされる場当たりではなく、中・長期の整合性をたもつための政治「枠組み」を、市民相互の合意でかたちづくることも不可避です。

第三は、次のような《自治体課題》について、市民相互でわかりやすく、各自治体での独自の言葉で設定することも緊急だからです。

(1) 市民の参加型自発性の結集
(2) シビル・ミニマムの公共保障
(3) 地域生産力をともなう都市・農村整備
(4) 政治・経済・文化の分権化・国際化
(5) 自治体機構の透明化・効率化・効果化

図3−2　自治体政策の構造論理

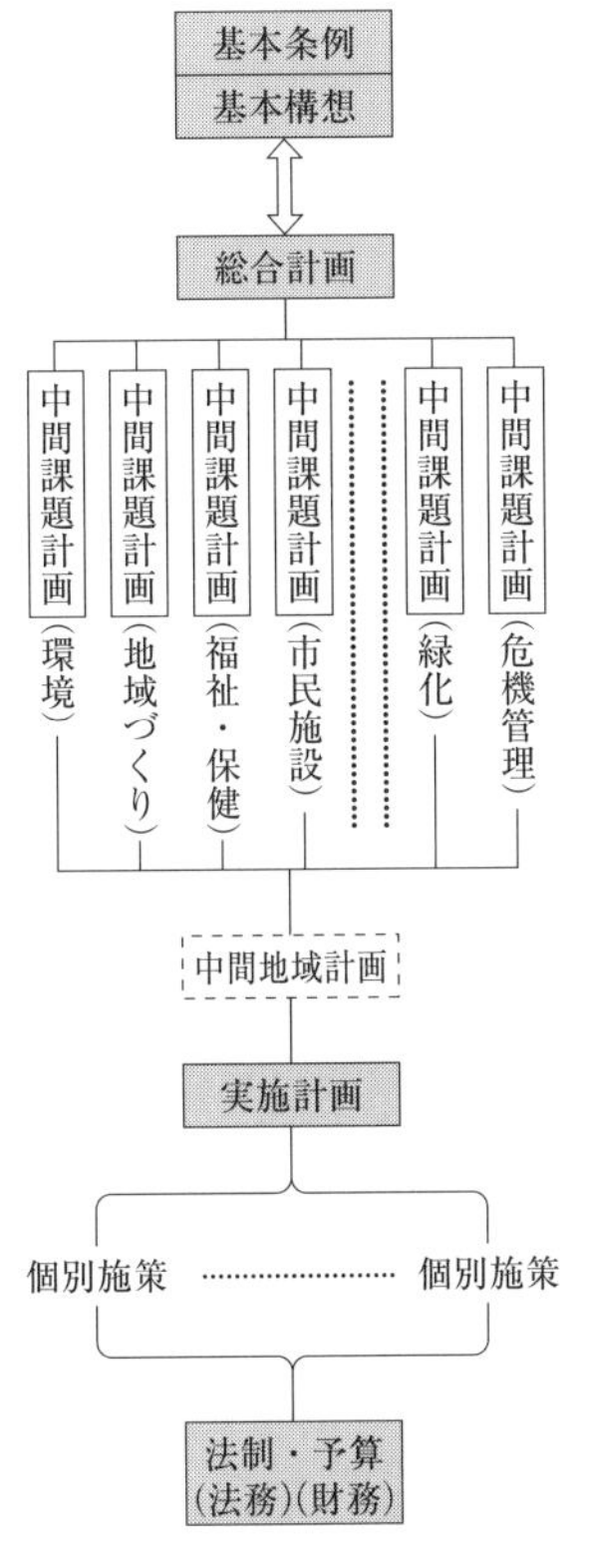

この基本条例の制定は、今日まで官僚法学ないし講壇法学では想定もしていなかったのです。だが、自治体が条例の自治立法、国法の自治解釈をおしすすめる《政府》となったかぎり、自治体レベルでは、この基本条例は国法の

図 3－3　自治体基本条例の討議課題模型

（1）市民自治の基本原則
（2）地域政治・行政の基本課題（わが自治体の戦略課題）
（3）市民の自立と権利
（4）市民参加ついで市民組織（＋団体・企業）

・運動型	市民会議・委員会	＋計画策定手続
	オンブズマン	
・制度型	住民投票（など）	

（5）情報公開・行政手続
（6）長の課題と責任
（7）議会の課題と責任
（8）職員機構の課題と責任
（9）行政外郭組織のあり方
（10）法務・財務ついで監査・入札の原則
（11）危機管理・有事における市民保護（無防備地域をふくむ）
（12）自治体の国際・外交政策
（13）政府間関係の改革
（14）制定・改正手続（とくに住民投票問題）

「上位規範」となります。つまり、自治体の《政府基本法》として、自治体の「最高規範」という位置をもちます。自治体の「基本構造」（constitution）の明示として、その意義と位置を強調したいと思います。

策定にあたって条文化をどのようにするかは、各自治体の自由ですが、ここで、**図3－3**の討議課題模型をご検討ください。

最近、行政と市民の「協働」が論じられています。たしかに、行政がタテの「オカミ」から、ネットワークによる市民とのヨコの「協働」という位置になることは評価できます。

この協働という言葉の登場によって、庁内だけの手続で行政決定が「公定性・強制性」をもつとのべていた戦後行政法学は、かつて私が『市民自治の憲法理論』で批判したように、完全に崩壊したのです。

だがこの「協働」は政府の〈基本構造〉からみるときは誤りとなります。なぜなら、市民は政治主体ですが、行政組織は市民の「代行」機構にすぎず、さらに市民の「代表」機構たる長・議会つまり自治体政府の「補助」機構にとどまるからです。自治体基本条例は『日本国憲法』、新『地方自治法』でもあいまいな、この自治体の《基本構造》を市民が各自治体それぞれで明示するという基本課題をもちます。

もちろん、国の憲法、国際機構の憲章とおなじく、基本法だけでは実効性がないため、基本条例の〈関連条例〉として、市民参加・情報公開、住民投票・行政監査、あるいは議会運営・市民委員会設置、また危機管理などをめぐる条例の制定やそのたえざる改定を必要とします。国の憲法も、国会法、内閣法あるいは地方自治法などの憲法関連法が整備してはじめて実効性をもつのと同型です。なお、この〈関連条例〉は、福祉・建設・環境や産業・教育・文化などの「個別政策条例」と異なった意義と位置をもつことも理解いただけるでしょう。

この基本条例についての私の考え方は、前述の拙著『転型期日本の政治と文化』第4論考「なぜ、いま、基本条例なのか」でまとめています。また、基本条例の条文構成については、神原勝「札幌市自治基本条例の構想私案」〔神原私案〕（『北海道自治研究』二〇〇三年九月号）が、汎用性をもつとともに、今日の水準をしめしています。私は、自治体の情報公開条例における今日のたかい水準のように、自治体が相互に学びあって、関連条例をふくめて、日本独自となるこの基本条例は、今後成熟した水準をかたちづくっていくと確信しています。

国からの天下り官僚が県庁各部におり、今日も国の出先という性格が強いため、たちおくれている県レベルでの基本条例の模索もはじまるでしょうが、そのときは、すでにのべた「複数信託論」による「補完原理」にもとづいて、基礎自治体（市町村）、広域自治体（県）、国という政府間緊張の理論化があらためて問題となります。ここを整理できない県レベルの基本条例案は、一方では市町村、他方では国との関係で実効性をともなわない空文にとどまり、市民ならびに市町村からも批判を受けるでしょう。

[7] 市民活動の変容とその問題性

以上に整理した、〈自治体再構築〉という今日急務の戦略課題は、都市型社会の出発する一九六〇年代からはじまる、自治体自体の変化の加速化、とくに《自治体改革》をうながした市民活動の変容からきています。日本が都市型社会にはいりはじめる一九六〇年前後から市民活動は登場するのですが、国際的にみても欧米にくらべて遅れてはじまったというわけではありません。この意味では、日本の当時の「市民運動」といわれた市民活動は、先進国と共時的存在でした。

だが、当時、政治・経済・理論のいずれでも中進国状況だった日本では、市民活動は、(1)都市型社会に不可欠のシビル・ミニマムの公共整備についてはナイナイづくしのためモノトリ型、また、(2)都市型社会にふさわしい法制整備にはあまりにも農村型社会原型の官治・集権型法制によるタチオクレからなんでもハンタイ型、にならざるをえないという実情でした。この市民活動については、拙編『市民参加』（一九七一年、東洋経済新報社）が、出発時点での市民活動の現実と可能性を包括して整理した最初のまとめとなっています。

この市民活動は、一九八〇年代にはいると、シビル・ミニマムの量充足が終わりはじめるとともに、国の法制改正もくわわるため、(1)モノトリ型から「地域づくり型」に、また(2)なんでもハンタイ型からついに二〇〇〇年の分権改革を実現させて「批判・参画型」へと、変容していくことになります。そこには、さらに、(a)政治家や官僚、職員をこえる市民の文化・情報水準、専門・政策水準などの上昇と、(b)市民参加・情報公開などのさまざまな制度開発があったことも、市民活動が変容する背景として強調する必要があります。この(1)(2)、(a)(b)は、二〇〇〇年代では当然の市民良識となってきました。ここから、逆に、今度は市町村、県、ついで国の省庁の「行政劣化」ついで「政治未熟」が、ひろく市民間で露呈していきます。

とくに、二〇〇〇年分権改革以降、市民活動が《基本条例》策定にとりくみはじめたことは、市民活動の変容を典型としてしめします。市民活動は、日常の争点をめぐって、既成の町内会・地区会を突破ないし再編しながら、泡粒のごとく登場しては消えていくのが現実です。ただし、地域規模だけでなく、全国各地、あるいは地球規模でおきているのですから、マクロには市民活動は大きなウネリとなっています。それこそ、「活動」としての成熟もはじまっていきます。今日では、NPOというかたちで、その法人化も日本ではじまり、「活動」のレベルから区別されて、目的を特定した組織をもつ、**図1－8**（本書六五頁）の「団体・企業」レベルにもなっていきます。

この「市民団体」としてのNPOの基本は、あくまでも市民活動だということです。NPOを市民活動からきりはなして、特権化することはできません。だが、NPOのなかには、すでに、その祖型を忘れて、みずから法人格を特権化する、あるいはNPOの法人格を悪用しようとする人々もあらわれます。他方、行政もNPO「育成」を職員の業績とみなすという、逆転した事態も日本ではみられます。

ここから、次のように論点を整理しながら、市民主権の現実をかたちづくる、永遠に未解決の難問ともいえる《市民活動》の問題性を考える必要が、今後もたえずつづきます。

（一）市民活動は安易に類型化できない「可能性の海」です。個別争点をめぐって、普遍市民価値を試行錯誤しながら追求する無限大の可能性をもちます。ついで、NPOとしての市民活動は、前述のように団体・企業レベル、つまり「市民団体」となります。

この「市民団体」は、目的を特定するとともに規模も大きくなって、普遍市民価値をかかげながらも、福祉団体、文化団体、自然保護団体、スポーツ団体のように、実態は特殊利益としての既得権をもつようになるため、団体としての存続そのものが自己目的となりがちです。ここから、NPOも日本では行政依存に、また傾きがちとなります。

（二）政治・行政と市民活動とは対立・緊張が基本という、市民活動の原点をたえず想起すべきです。市民活動は、私が一九六〇年代からのべてきましたように、政治・行政には批判・参画、裏返せば組織（↓参画）・制御（↓批判）の関係です。

市民はその〈必要〉によって政府を「組織」し、この政府はまた市民によってたえず「制御」されます。そのうえ、市民活動が活性化すればするほど行政は縮小するというかたちで、市民と行政の関係は〈協働〉どころか、〈対立〉の緊張にあります。市民がナマケモノなら職員は増え、逆に、市民行政の独自展開は職員行政を縮小させます。事実、今日の自治体の財源緊迫にともなう政策・組織・職員の再編、ことに退職金危機は、この論点を顕在化させるでしょう。

とくに、団体・企業レベルとなった市民団体については、日本にみられる行政への安易な甘え、また行政からの支援ないし協働、そしていつのまにか行政の業績にすらなるNPOの保護・育成という行政との相互ナレアイを、たえず市民主権・市民自治を起点に再編する必要があります。

そのとき、「市民団体」にたいしては、「団体補助」は一切廃止し、必要があれば第三者機関の選考・審査による事業補助ないし事業契約とすべきでしょう。この点では、既成地域団体の町内会・地区会、既成外郭団体としての福祉団体やPTAなどについても、その基本性格をあらためて問いなおし、自由な市民活動を原型とするその再編がのぞまれます。また、自治体の「支援」がなければ存続できないようなＮＰＯはつぶれてよいのです。最後の論点としては、市民活動の批判・参画型成熟は、三〇年単位、つまり世代交代をとおして、ようやくすむという洞察が必要となります。

市民の品性・力量という〈市民性〉の熟成には時間がかかるため、アセリは禁物です。そのうえ、市民活動は試行錯誤の連続と言わざるをえません。安易な市民活動の理論化、さらに行政による制度化にたいしては、前述したような意味で、市民活動は「可能性の海」ですから、たえず警鐘をならしたいと、私は考えます。この点では、二〇〇七年からといわれる、知的活力のたかい団塊世代の大量停年は、また地域に新しい可能性をもたらすと、予測しておいてよいでしょう。

また、「可能性の海」としての自由な市民活動と、各政府レベルでの市民参加制度とは、次元を区別して考える必要があります。ついで、市民参加制度としても、争点全般をめぐる「市民会議」方式、個別争点についての「市民委員会」方式にわけられます。いずれもかつての設置要綱レベルではなく、今後は基本条例ないしその関連条例での位置づけが必要となります（図3－3・本書一六二頁）。

なお、市民活動・市民参加の「実務」レベルについての私の考え方は、『市民文化は可能か』（一九八五年、岩波書店）、その政治ないし文化の「文脈」については『社会教育の終焉』（一九八六年、筑摩書房、新版二〇〇三年、公人の友社）を参照ください。

市民活動は、周知のように、たえず愚民活動に低落する危機をはらんでいます。のみならず、逆に、普遍市民価値をめぐって予測しがたい可能性もはらみます。市民活動の理論は、都市型社会としての市民社会において、自由な各個人はそのできる範囲、できる熟度で、市民の《相互性》としての共通感覚ないし市民倫理から出発する、ということができるにとどまります。

[8] 市民文化の成熟への問いとは

市民活動については、以上をふまえたうえで、あらためて市民文化の醸成、とくに市民の文化水準を問うことになります。

まず、市民文化をめぐっては、市民とは何かを問うことからはじまります。市民文化とは、市民の生活様式ないし活動形態、さらには価値規範だからです。

市民とは、〈自由・平等〉という生活感覚、〈自治・共和〉という政治文脈をもつ、都市型社会に不可欠の規範人間型といえるでしょう。だが、現実としては、この規範人間型は永遠に未完です。このため、《市民》を規範人間型として設定しうるようになった、普通の私たちが市民ということになります。それゆえ、市民とは、かつてのブルジョアとかプチブルといったような階層概念ではなく、市民型人間を想定した、永遠に未完の《規範概念》という位置にあります。

ところが、そこには、文明史的大問題がひそんでいます。欧米は、自由・平等、自治・共和の記憶を図1-5(本書五〇頁)のような思想系譜、さらには「古典」というかたちでもちうるのですが、アジアにおける専制伝統のもとにある日本は、こうした記憶を歴史のなかに熟したかたちでもっておりません。

とすれば、この都市型社会に不可欠の市民文化を醸成するには、《市民》を規範人間型として想定する図1-11(本書一〇五頁)の市民規範、ついで現代マス・デモクラシーの再生としての図1-15(本書一一五頁)をふくむ〈普遍市民政治原理〉をふまえ、《未来》にむけて、市民としての自己訓練ないし〈市民政治〉への模索が、不可欠となります。この自己訓練ないし模索は、理論あるいは情報のレベルではなく、文化水準また品性・力量としての《市民性》の問題であるかぎり、市民活動のなかでのみ醸成されます。

具体的な政治文脈では、市民文化は次のような緊張をはらみます。

(1) 官治文化 対 自治文化

(2) 私文化 対 公共文化

(3) 同調文化 対 寛容文化

古代律令政治にはじまる日本の官治・集権政治の伝統を再編する明治国家以降、〈市民自治〉という発想は育たず、ムラ＋官僚組織という図式のたえざる再生のなかで、戦後も〈国家統治〉となっていました。このムラは、第一のムラ＝農村共同体、第二のムラ＝都市の町内会や業界団体、第三のムラ＝企業・行政における職場のムラとしてたえず再生し、さらに第四には国規模のムラとしての「国家観念」、実態は省庁縦割・官僚中軸の「政官業複合」による前述の《官僚内閣制》へのマス型同調としてのマス・デモクラシーとなります。これでは、都市型社会で構造必然となった、市民自治から出発する《分権化・国際化》に、日本の個々人から政治家・官僚それに理論家にいたるまで、対応できないのは当然です。

ようやく、二〇〇〇年前後、日本で「国家」という言葉は死語になりはじめましたが、つい最近まで国家はシクミとしての政府装置ではなく、以上の文脈で〈国家共同体〉とみなされていました。そこでは、個人は「私」にすぎず、「公共」はオオヤケないしオカミ、あるいは「官」ないし「国家」とみなされてきたのです。二〇〇〇年代の今日、国家論が崩壊したため、これにかわって「公共論」の流行をみていますが、この公共も、また、

〈公私〉というタテの関係で、「私」と対立して位置づけられています。政治家がよくつかう「官民」また「国家・社会」もこのタテの文脈です。

そこでは、《都市型社会》への移行をみる今日も、私のいう市民の〈相互性〉、つまり「市民」自体が《公共》で、政府はこの《公共》としての市民が組織・制御する「道具」だという発想がいまだに成熟していません。そのうえ、これまで「国家」の絶対・無謬性を想定してきたため、この「公共」の課題性・仮説性、ついで「政府」の可変性・可謬性の想定は、残念ながら、二〇〇〇年前後、ようやくはじまったばかりです。

だが、やはり、この二〇〇〇年代にはいっても、自治体から国まで各政府レベルでの政官業複合がつづいて、とくに国では実質の「政権交代」ができないだけでなく、〈官僚内閣制〉も持続しています。

このため、個人の自立を基本とする「寛容」も生まれず、前述のように、かつてのムラ同調に、新しくマス同調が重なっていきます。つまり、リベラリズムなきデモクラシーが、たえず「みんな同じ」という同調政治をかかえこみます。この同調政治が野党の未熟とあいまって、最近の日本では「劇場政治」の幻惑を、残念ながら時折つくりだします。

しかし、この幻惑政治は必ずさめ、そののち痛恨が深くやってきます。《分節政治》を私が提起する理由です。都市型社会の今日では、《公共》自体が、市民活動を土台に地域規模に深まり、地球規模に広がって、「分権化・国際化」するとともに、各政府レベルで〈多元・重層〉という**図1-15**（本書一二五頁）にみる《分節構造》をもちます。この分節政治では、政治の発生源が多元・重層化するという、開かれた批判・参画、つまり市民相互に組織・制御、予測・調整の緊張をもつことになります。今日の市民文化は、このような分節政治のなかでの批判・参画あるいは組織・制御、予測・調整によって醸成されていきます。

本書第1論考にみた、工業化・民主化を座標軸とする〈近代化〉をほぼ終えた日本で、今日問われているのは、「進歩と発展」ではなく、「成熟と洗練」です。市民文化としては、**図1―3**（本書三二頁）の地域個性文化、国民文化、世界共通文化の三層緊張をめぐって、この「成熟と洗練」が問われます。そのとき、自治体レベルでは、この地域個性文化の再生のため、①エコロジー、②地域史、③デザインをふまえる、自治体文化戦略の構築となります。シビル・ミニマムの「量充足」から「質整備」への転換・飛躍は、この市民文化の熟成への出発となるのです。

〈公共〉ついで〈市民文化〉については、あらためて、拙著『転型期日本の政治と文化』第1論考「公共概念の転換と都市型社会」、第2論考「市民文化の可能性と自治」、第7論考「文化の座標軸と政治文脈」を検討していただきたいと思います。

以上のように、今日の自治体再構築という緊急課題、さらにその起点となる市民活動をめぐって、《二〇〇〇年分権改革》前後から、日本も転型期にはいっています。いわば、状況が変わってきたのです。新しい時代は、また、新しい視野ないし理論を必要とします。

市民自治を起点とする市民政治はたえず模索すべき課題なのですから、できあがった解答あるいは理論はありません。皆さん方一人一人の模索のなかで、解答ないし理論をかたちづくっていただきたいと思います。

（沖縄自治研究会講演・二〇〇三年一一月）

補論　「自治体学会」出発のころ

自治体学会の「ニュースレター」が今回で一〇〇号になるという。一九八六年、自治体学会の発足には、官治・集権型から自治・分権型へという、まだ少数だったとはいえ、日本の市民をはじめ、自治体関係者間での「考え方」の大きな転換が必要であった。

日本は一九六〇年前後から都市型社会に移行しはじめ、市民活動の始動となった。私は一九六〇年から市民による「自治体改革」の構想にとりくんでいたが、一九六三年の統一自治体選挙では飛鳥田横浜市長など、一九六七年の統一自治体選挙での美濃部都知事など、一九八〇年前後までつづく革新自治体の群生がはじまった。

革新自治体については、バラマキ福祉あるいは自治労（ないし自治体職員組合）にアマイという批判がある。革新自治体といってもそれぞれ特性があり、当時、市の三分の一、またいくつかの大都市県におよんだ革新自治体のなかには、これが当てはまる自治体もあった。だが、他方、シビル・ミニマムの設定による自治体計画手法を開発して、市民参加・情報公開による自治体改革の第一歩を推し進めたのも、また先駆型の革新自治体であった。

革新自治体の問題はそこにだけあるのではない。今は「官治 対 自治」に変わったが、当時の「保守 対 革新」という政治対抗軸をめぐって、いずれの政党も国中心の発想にとどまっていた。そのころの自治体についての考え方は、旧保守系・旧革新系いずれも戦前からの国家統治型にとどまり、市民自治型の理論は出発しはじめたばかりであった。政治学、憲法学も自治体をほぼ無視し、行政学、行政法学は一般的な自治の啓蒙か地方自治関連法の官治・集権型解説・解釈にとどまり、日本の政治・行政水準の低劣性を反映していた。

当時はまだ、首長の保守系・革新系を問わず、自治体職員は、官治・集権のトリックである機関委任事務方式にともなう各省庁縦割の通達・補助金基準にそのまま縛られる「考えない職員」にとどまっていた。議会といえば、機関委任事務については審議もできず条例もつくれない仕組みになっていた。首長は市民の代表というよりも、機関委任事務にともなう国の機関つまり手足でしかなかった。

私が革新首長を「泥田の丹頂鶴」といった理由がここにある。この泥田を美田にするため、私たちは「革新」自治体から「自治体」革新への転換を、一九七〇年代になってあらためて提起することになる。

市民活動も、日本の法制がまだ農村型社会モデルの時代錯誤のため「ナンデモ反対」、また都市型需要ではナイナイづくしのため「モノトリ」とならざるをえないのが実状だった。この実態をふまえたうえで、シビル・ミニマムを公準とした自治体独自の模索による政策・制度開発が、あらためて自治体の課題となっていった。ここから、都市型社会における市民自治の市民公準として、《シビル・ミニマム》の理論設定となるのである。

くわえて、民主政治といっても、市民が参加できるのは、いまだ選挙の「清き一票」のみ、とひろく見られていた時代であった。この選挙制度に、ナサケナイのだが、いわば頭をさげてオカミにオネガイシマス〔市民主権を無視する用語〕の「陳情・請願」が、くわわるだけだったのである。今日では、この陳情・請願は「市民参加」としての〈市民提案〉におきなおすべきであろう。

参加型民主政治の構築をめざした飛鳥田市長の「一万人市民集会」、美濃部知事の「対話」の提起は、当時、ひろく日本の政治に衝撃を与えることになる。もちろん、一万人では規模が大きくて儀式化し、対話も陳情型のオネガイシマスとなって、市民の政治未熟を露呈した。

これらの経験から、その後、市民参加、情報公開、また文化行政、法務・財務など、さらには自治体基本条例の策定へと、先駆自治体の挑戦がつづく。以上に対応して、ついに国でも《二〇〇〇年分権改革》となる。

一九八〇年代には、ようやく「考える」自治体職員の「自主研究グループ」が各地に生まれはじめ、これを結集して一九八六年、自治体学会が出発する。私は「現場」をもたない学者中心という従来型の学会には強く反対し、前例のない自治体職員中心の学会を提起した。だが、それには長州一二神奈川県知事の自治体学会の構想から、一〇年待たなければならなかった。また、この自治体学会の画期性を考えるには、前述したような、かつての自治体の悲惨な位置と、さらに貧しい自治体理論の水準を想起する必要がある。

「学会」であるかぎり、自治体理論の深化、さらにその実効がその課題となる。すでに、多様な市民型の理論家をこの自治体学会は輩出し、自治体改革はようやく厚い理論家層をもちつつあるとみたい。

（自治体学会『ニューズレター』二〇〇三年三月）

4

市民立憲からの憲法理論

[1] 戦後憲法学と憲法課題との分裂

日本の憲法学は、戦後五〇年余、たしかに人権・平和の次元では、一国閉鎖型ではあれ、一応、啓蒙型の役割を果たしてきました。ところが、国レベルの国会・内閣、司法、また地方自治では、明治以来の官僚法学を中核として、旧保守系・旧革新系をふくめ、日本の講壇法学は官治・集権型の考え方をしています。とくに、地方自治にとりくむ憲法学者はほとんどおりません。拙著『転型期日本の政治と文化』第3論考「市民立憲への憲法思考」（二〇〇五年、岩波書店）であらためてのべているように、二〇〇〇年代の今日、日本の、官僚法学、講壇法学はいまだ、《国家統治》型にとどまります。

敗戦直後、なぜ、日本の政府が準備した憲法改正原案がGHQからボツにされたのかという理由は、この日本の《国家統治》型発想からきます。このため、現在の『日本国憲法』は、後述するように、アメリカ占領軍による起草、さらには日本の当時の知識人たち、また帝国議会の議論がかさねられ、二五条の生活権などを新たにくわえて、普遍憲法原理性をたかめます。私たちはこの『日本国憲法』の《普遍憲法原理》つまり普遍市民政治原理に即した考え方を、国家統治型の日本の憲法学と対置して設定すべきだというのが、私の考え方です。

市民が国レベルの政府を“constitute”するという、《憲法》にふさわしい考え方が、不思議に思われるでしょうが、憲法学をふくめて、二〇〇〇年代の今日の日本でも未熟なのです。かつて護憲派と改憲派の対立は一九六〇年前後をピークに厳しくなりましたが、結局、どちらも明治憲法の「国家統治」という考え方をしていました。つまり、当時の改憲派、護憲派のいずれも、同型の「国家統治」という考え方で『日本国憲法』をとらえ、〈国民主権〉の中核をなす《市民自治》という考え方はいずれでも未熟でした。

この大論点を、私は一九七五年の『市民自治の憲法理論』（岩波新書）で提起しています。なぜ《市民自治》と言ったのかといいますと、改憲派も護憲派も、憲法は「国家統治」の基本法と明示・黙示にみなしていたからです。これでは、明治憲法の考え方そのものです。国民主権から出発するならば、《市民自治の基本法》でなければならない。「国家統治の基本法」では、いわば憲法違反の憲法学となります。

〔2〕 理論軸の設定と憲法動態

『日本国憲法』の「前文」に、国政は国民の《信託》によるとあります。だが、不思議なことに、この信託の解説は、日本のどの憲法学教科書にもすっきり書いてありません。小、中、高までは信託と教えているとしても、大学法学部の憲法学では、政府信託を教えません。**図1－13**（本書一一〇頁）でまとめたように、日本の講壇憲法学は国民主権を空洞化して国家主権におきなおし、国の政府が国家統治をおこなうという戦前の考え方に逆流しています。国の政府については、「統治機構」と今日も憲法学教科書の目次にかかげているのが実状です。

私の《市民自治》という考え方は、この明治国家がつくりあげ、戦後もつづく「国家統治」という考え方をくつがえしていきます。私たち主権者は、まず、私たち市民一人一人がもつ権限・財源を最初に市町村に信託する。政府は基礎自治体の市町村からの出発となります。市町村でできない課題は、広域自治体の県が補完する。県もできないことは国が、国ができないことは国際機構がさらに補完するわけです。これを《補完》原理といいます。市町村や県は、国からの《派生》ではありません。今日では、この市民からの《補完》原理は、ＥＵの『地方自治憲章』や国連系の『世界地方自治憲章（案）』の考え方となり、国際常識となっています。

信託の手続は、具体的には市町村、県、国という各政府レベルでの市民世論・市民活動における支持、ついで制度としては基本法（後述）による選挙・納税です。《信託》という考え方については、一九七五年に前掲拙著『市民自治の憲法理論』が日本での理論定式化をおこないます。ついで、官治・集権から自治・分権へという発想転換の提起となります。その帰結が、『地方自治法』の大改正による〈二〇〇〇年分権改革〉につながりました。この分権改革では、市町村ついで県が自治・分権型の政府となるため、国からの官治・集権型のトリックである「機関委任事務」方式は廃止となります。

機関委任事務方式というのは、国は絶対・無謬で万能の権限・財源を持つとみなされ、国が県や市町村に下令するという考え方で成り立っていたのです。国ないし内閣・省庁官僚組織の意思を、県知事、それから市町村長が国家機関つまり「手足」として忠実に担うというのが、機関委任事務方式なのです。知事や市町村長は市民代表というよりも、国家機関にすぎなかったのでした。

二〇〇〇年分権改革による機関委任事務方式の廃止の結果、ようやく知事、市町村長は市民代表となります。また市町村あるいは県も、すべての自治体課題にわたって、国の法律については自由に自治解釈し、あるいは自治立法としての条例を自由につくることができることになりました。ようやく、市町村、県、国それぞれが「政府」になり、お互いの対立は政治調整あるいは司法手続、また立法改革で決着をつけることになります。もちろん、われわれ市民が自由に自治体条例を立案し、また、国法を自由に解釈するだけでなく、さらにそれぞれの自治体の基本法を策定するというのが、基本の考え方となります。

憲法学の教科書を本屋で見てください。第八章「地方自治」のところには、二〇〇〇年分権改革の意義・課題・成果についてほとんど書いていないどころか、憲法条文解釈も国が「許容」する「住民自治・団体自治」にとらわれるという時代錯誤となっています。結局、日本の憲法学者は都市型社会固有の市民自治を起点とする論理が理解できない。このため、明治型の国家観念あるいは官僚組織への崇拝が、今日もまだつづいているといわざるをえません。

くわえて、この国家統治型の考え方をしなければ、今日、司法職や行政職のいわゆる国家試験などにも合格できない。二〇〇〇年代の今日でも、国家統治型の思考をしないかぎり、悲惨にも裁判官、弁護士、あるいは官僚になれないわけです。日本の政治・行政の現実は、まだ官治・集権の後・中進国型なのです。

〔3〕 歴史軸の展望と改憲問題

現在、国会議員は現行『日本国憲法』の是非をめぐって、憲法論議をしています。市民自治型の考え方で憲法論議をするならいいのですが、明治国家以来の国家統治型の考え方で、旧保守系、旧革新系、あるいは旧改憲派、旧護憲派いずれもが議論をしている。そこでは、まだ明治国家の考え方がまかりとおっています。官僚、法曹、大学の先生もほとんどがそうです。それに、ジャーナリスト、理論家の多くもです。

このため、今日の憲法論議自体が、おおいなる時代錯誤だと私はみるわけです。前述したように、国家統治型から市民自治型に憲法理論そのものをつくり直さないかぎり、憲法論議は一九六〇年前後の《改憲・護憲》に論点が逆流するだけとなります。

注意していただきたいのは、九条問題をふくめていろいろな憲法争点がありますが、「憲法争点」と「憲法条文」との間に、《憲法理論》を置いて、この憲法理論を明治国家の国家統治型の憲法理論から、政府信託を骨格とする市民自治型の憲法理論につくり変えないかぎり、憲法論議は国家統治というドグマないし偏見を明示・黙示の前提とした、場当たりの井戸端会議のような議論水準にとどまることになります。

憲法第三章は「国民の権利及び義務」となっています。基本人権は、国籍いかんを問わず、人間個々人の普遍権利です。それなのに、この「国民の」となっている権利の普遍性との論理矛盾について、これまで憲法学者は深く追及しておりません。戦後の外国人差別もここからきていたのです。だから、憲法理論を再構築しないかぎり、『日本国憲法』は憲法として充分機能しえないということを、ぜひともお考えいただきたい。

憲法理論を市民自治型につくり変えれば、憲法条文は改正しなくても、さしあたり、今の『日本国憲法』で充分です。敗戦時、日本政府がつくった明治憲法原型の憲法改正案は時代錯誤のためボツとなり、アメリカ占領軍は連合国など国際批判を想定して、新しく改正素案作りに追い込まれたのです。もちろん、当時、日本の世論さらに最後の帝国議会でもひろく憲法論議があり、前述のように普遍市民政治原理といいますが、国際普遍性をもつ考え方で、『日本国憲法』はできあがっていきます。それゆえ、二〇〇〇年代の今日も、憲法改正の争点は、実質は、九条二項の交戦権問題だけではありませんか。

改憲派は、日本の「特殊性」、つまりかつての「国体」にあたる〈国柄〉という明治国家型発想の欠如を強調しています。だが、都市型社会の今日、憲法原理は市民政治原理として普遍性を持つことを理解したいと思います。憲法原理は二一世紀では〈世界共通文化〉です（拙著『政治・行政の考え方』第1・2章、一九九八年、岩波新書参照）。

そのうえ、いわゆる「解釈改憲」についても、自民党だけが場あたりにやってきた、と考えるのも間違いです。

私も前述の『市民自治の憲法理論』以降、ひろく解釈改憲を憲法理論の再編というかたちで、おしすすめてきました。

まず第一に、国民の最低限度の生活を保障する憲法二五条についてです。一九六〇年代まで、憲法学ではこの二五条は宣言条項であって、実効ある権利保障ではないといっていました。だが、都市型社会においては、**図1－6**（本書五六頁）のシビル・ミニマムとして、構造必然的に権利になるのだ、と私が理論化していきます。その後、**図1－11**（本書一〇五頁）にみるように、二五条はごく当たり前の市民の権利になります。

それから、憲法第八章「地方自治」をめぐる自治体理論も、一九六〇年代からの市民活動の始動を背景に、前述の市民自治を基点におき、**図3－1**（本書一四九頁）を原型とした基礎自治体から出発する〈補完原理〉にもとづいて、構築します。私の考え方は今日では、前述のように『ヨーロッパ地方自治憲章』や国連系『世界地方自治憲章（案）』での国際通説の予見となっています。その結果、憲法運用改革ともいうべき〈二〇〇〇年分権改革〉の遠因をかたちづくります。

さらに六五条に「行政権は、内閣に属する」という短いが重要な条文があります。私は、市町村も県も独自の行政権をもつ政府であるという立論を、前述の『市民自治の憲法理論』以来おしすすめてきました。この私の視角から、菅直人さんが橋本内閣にたいして国会で問題提起をおこない、内閣法制局長官が憲法六五条「行政権は、内閣に属する」にでている行政権の範囲は、第八章の市町村や県の行政を「除く」とのべたとき、国の明治以来の考え方を転換させたわけです（菅直人『大臣』一九九八年、岩波新書参照）。これが、明治以来の「機関委任事務」手法を廃止した二〇〇〇年の分権改革、つまり日本の憲法構造の改革につながりました。

もう一点、重要な論点があります。四一条には「国会は、国権の最高機関」とあります。明治以来今日も、憲法学は、内閣を中心に国会、裁判所の「三権分立」によって国家主権を担うという考え方をとっています。だが、私はこの「三権分立」は間違いだとみるわけです。

『日本国憲法』では、政府信託にもとづいて国民が国会をかたちづくり、この国会が内閣を創出するという「国会内閣制」をとっています。ところが、日本の憲法学は、**図1－13**（本書一一〇頁）に整理しているように、一九世紀には後進国型官僚国家だった旧ドイツのいわゆる「三権分立論」の系譜にあるため、今日も実質は官僚を中核におく内閣中心に立論し、国会は立法機関にすぎず、「最高機関」とは空文の「政治的美称」だといっているのです。これでは、今日も国の政治は、私のいう「官僚内閣制」にすぎないことになります。

このため、各党ともに、国会議員、ついで大臣という日本の政治家たちは、国会は「最高機関」という責任自覚のない官僚依存で、ようやく最近は変わりはじめたとはいえ、国会機構をいま以上に整備していこうとか、内閣ないし省庁、また予算・決算を制御しようという自覚に未熟です。それどころか、国会各院の立法をめぐる幹部職員は省庁からの派遣であり、調査費も議員、職員のノミクイにつかっている始末です。

以上の基本論点を議論・整理せずに、マスコミをふくめて、憲法争点を九条問題をめぐる一九六〇年前後の改憲・護憲論議に逆行し、ついで矮小化しているのは問題だというのが、私の考え方です。

〔4〕「整憲」「修憲」「加憲」の発想

たしかに九条をめぐる自衛隊問題では、自民党が解釈改憲をおしすすめました。しかし、すでにのべましたが、私たち日本の市民もこの半世紀、『日本国憲法』を運用しながら、さまざまな解釈改憲をおしすすめてきたのです。この論点を、どのように今日の時代錯誤の憲法論議に対置し憲法論議自体をくみかえていくのかが、急務となっています。

九条問題を除けば、「条文」をめぐる改憲は、理論としてはともかく、ほとんど実質の政治課題になっていない。しかも、九条一項は『不戦条約』の条項そのものですから、自民党も変えると言っていません。九条二項を修正するならば、条文を修正する「修憲」となるにすぎません。また自衛隊の国際協力など足りない条文を追加するなら「加憲」にとどまります。とすれば、「改憲」とは大げさではありませんか。『日本国憲法』を全面改正するというような発想こそが、憲法事大主義として、政治家たちの政治小児病症候群なのです。

『日本国憲法』は時代を先取りして普遍市民政治原理によって構成されています。それゆえ、現在の日本国憲法を基本から組み立て直す必要はありません。むしろ、国権の最高機関としての国会は、『地方自治法』の大改正による〈二〇〇〇年分権改革〉のような「憲法関連法」の整備、つまり〈整憲〉にとりくむことが、転型期としての今日の国会課題だという考え方こそが不可欠です。この「整憲」ついで「修憲・加憲」という問題整理は、拙著『転型期日本の政治と文化』第3論考「市民立憲への憲法思考」（二〇〇五年、岩波書店）でおこなっています。

憲法九条の論点は、二項の「前項の目的を達するため、陸海空軍その他の戦力は、これを保持しない。国の交戦権は、これを認めない」です。外国が攻めてきたらどうするんだという問いがでてきます。だが、自給性の強い農村型社会とは異なって、都市型社会ですから、日本を占領したら侵攻軍は日本の一億二〇〇〇万人を食わせなくてはならない。日本もEUと同じく都市型社会ですから、もう戦争はできない社会・経済構造になってしまっています。それゆえ、問題の中核はすでにテロとミサイルにうつってしまっている。とすれば、時代オクレの発想をもつ自衛隊をめぐって、理論・組織・装備の再編こそが問われています。

そのうえ、「国の交戦権」の前提となる、いわゆる「国家自衛権」は、国本来の実体権ではなく、私が早くからのべているように、市民個人の自衛権ないし抵抗権を国の政府に市民が《信託》しているにとどまります。いつでも自衛権ないし抵抗権を市民個人が国からとりもどせます（拙著『都市型社会と防衛論争』二〇〇二年、公人の友社）。この論点は、二〇〇〇年代では、自衛隊とアメリカ軍との戦略関係の透明化、つまり情報公開が市民による整憲をめぐり、あらためて問いなおされます。

くりかえしますが、『日本国憲法』については、国権の「最高機関」である国会の課題として、自衛隊法をふくめて〈憲法関連法〉の改革、つまり今日的整備という整憲こそが重要です。二〇〇〇年分権改革をめぐる『地方自治法』大改正は、まさにこの整憲でした。憲法関連法としての情報公開法や公職選挙法、行政手続法、あるいは国会法や内閣法、裁判所法また公務員法などなどの大改正による整憲という考え方が、緊急・不可欠と考えるべきです。

結局、国会における今日の憲法論議は、改憲派、護憲派という一九六〇年前後の旧保守・旧革新論争に逆流して、憲法運用に不可欠な憲法関連法の整備、つまり整憲というかたちでの、日本の政治思考の市民型成熟をおくらせているだけです。

そのうえ、日本の国会議員は、この整憲という憲法関連法の立法習熟、さらに各院法制局の強化にとりくむどころか、この政治改革ないし立法改革による整憲という発想すらもっていない。いいなおせば、国会が国権の「最高機関」になり得ていないことこそが、今日の中枢憲法問題なのです。この《整憲》という中枢憲法問題についでは、日本の憲法学者は習熟した立論もおこなっていない。

それゆえ、憲法をめぐる思考ないし理論を変えることが基本となります。憲法条文さえいじれば政治がうまくいくというのは、むしろ政治小児病ともいうべき、後進国にみられる憲法崇拝ではありませんか。憲法の祖国のイギリスには成文憲法はありません。憲法関連法の積み上げによる整憲にとどまります。アメリカは加憲というかたちで憲法本文は変えずにおくとともに、たえず整憲する。成熟した憲法政治ないし憲法運用では、私のいう《整憲》こそが中核課題です。

日本の今日の憲法は、普遍性をもつ個人の自由権・生活権、国民主権・法の支配、さらに地方自治・機構分立を総合して組み込み、市民政治原理性を、日本なりに充足しています。このため、憲法〈改正〉というよりは、時代の変化につねに対応する憲法関連法での整憲をめぐる討議・熟慮こそが、日本の市民ついで政治家の政治成熟にとって不可欠です。そのなかで、必要がでてくれば、個別憲法条文についての「修憲」「加憲」をおこなえばよいと考えます。

[5] 基本法運用への新思考

今日の都市型社会では、市民活動は国境を越えて国際的な広がりをもちます。団体、企業も国際的につながっている。政府としての〈自治体〉も、国連系の『世界地方自治憲章（案）』にみるように、地球規模で横にむすびつこうとしています。また、国連など数十の〈国際機構〉も世界政策基準としての国際法を策定する。このように世界共通論理つまり世界共通文化でわれわれは思考していきます。私たち日本の市民も、明治型の閉鎖国家観念からの脱却が求められています。

今日では、**図1-3**（本書三二頁）にみたように、政府のレベルとしては自治体、国、国際機構、経済としても地域経済、国民経済、世界経済、それから法律では条例、法律、普遍条約、そして文化についても地域個性文化、国民文化、世界共通文化という、三極緊張で考えるという、思考法が必要になっています。従来のように日本を国レベルのみで、官治・集権型の閉鎖国家としてとらえ、憲法を議論するのは誤りなのです。それゆえ、《憲法理論》こそを、**図1–11**（本書一〇五頁）、ついでその現代特性としての**図1–15**（本書一二五頁）に整理したように、普遍市民政治型にまず再構築すべきではありませんか。

また、政府を自分たち市民がつくるという経験と理論を蓄積するにはどうしたらよいかが、自治体の基本条例、国の憲法、国際機構の国連憲章をめぐる《基本法》問題です。この基本法については、抽象的な学者型の議論ではなく、市民がその法務経験を積みかさねていく必要があります。とくに今日の日本では、「自治体基本条例」というかたちで、自治体レベルでの基本法をつくりながら、その思考訓練を成熟させ、基本法運用に熟達していく。これを、日本国憲法、あるいは国連憲章の運用にも、たえず活かすことが不可欠となります。

それゆえ、国の基本法としての憲法の運用を、政治家や官僚・法曹、ついで憲法学者に任せることはできません。私たち市民が、その策定・運用をみずから〈経験〉するため、自治体基本条例の策定・運用こそが原型性をもちます。これには、札幌市自治基本条例についての神原勝さんの提案（神原私案）が画期的です。

すでに、日本の市民も基本法を自治体レベルでつくるようになってきました。こういう日常経験を活かしながら、『日本国憲法』の運用つまり《整憲》という新思考について、日本の私たち自身が《市民》として、「法務」「財務」とともに、〈熟達〉することが急務だということを、あらためて強調したいと思います。

（参加型システム研究所報告・二〇〇四年九月）

あとがき

本書は、日本における戦後の政治学ないしひろく社会理論のあり方、ついでその生産性・実効性をめぐって、私自身の発想・回想をのべたものである。また、本書巻末には、著者の「著述目録」をつけて、時代の課題についての私なりの取りくみもまとめている。

一九四五年、日本敗戦の想い出をふくめ、二〇〇〇年前後における日本の新しい転型期まで、本書は戦後のほぼ半世紀余、私の考え方の歩みをつづるというかたちをとっている。しかも、この半世紀の日本は、〈農村型社会〉から〈都市型社会〉へという文明史的「大転換期」でもあった。ここから、この「大転換」についての私なりの視角の組み立て、つまり理論構築についての証言にもなっているはずである。

戦後における日本の思想・理論についてあらためていえば、外来種をふくめさまざまな流行がみられたにもかかわらず、また現在も流行がみられるにもかかわらず、私はその骨格構造においては、『市民自治の憲法理論』（一九七五年、岩波新書）、『政治・行政の考え方』（一九九八年、岩波新書）、『戦後政党の発想と文脈』（二〇〇四年、東京大学出版会）、『転型期日本の政治と文化』（二〇〇五年、岩波書店）などでまとめたように、マスコミによる報道・批評の水準低下もくわわって、文化・理論をふくめ、いまだ中進国段階の政官業学複合を中軸とする、官治・集権型にとどまると考えている。

たしかに、都市型社会の成立となる二〇〇〇年前後となれば、日本なりのマス・デモクラシーとして、テレビ操作による「劇場政治」も、青島・ノック現象、とくに既成保守基盤を溶解して浮動票化をおしすすめる小泉・石原現象もみられるようになった。だが、その実質は中進国型の《官僚内閣制》ないし官治・集権政治・行政での「同調デモクラシー」にすぎない。いまだに、国レベルでは政党間での政権交代もできず、県知事の多くも天下りから出馬する官僚出身という、省庁官僚中軸の中進国型政治なのである。

そこでは、これも中進国状況なのだが、テレビ・チャンネルの寡占をめぐって、電波行政における政官業癒着がつづき、温泉に入って「日本にうまれてよかったね」式の日本独善型ともいうべき、情報鎖国状況をともなう「同調デモクラシー」を、さらに「幻惑デモクラシー」にまで劇場化していく。この「同調デモクラシー」のたえざる解体には、国、自治体ともに政権交代が基本だが、同時に批判と参画の発生源を多元化・重層化する、本書にもみる《分節》市民政治の成熟が基本となる。

ことに、戦後も、現実の政治・行政についていては、戦前からの帝国大学法学部系理論に集約される、官治・集権型の官僚法学、ついで講壇法学がその理論中核をかたちづくってきた。このため、膨大な官僚・法曹の志望者にたいする資格試験では、官治・集権の思考訓練を今日もおしすすめ、〈二〇〇〇年分権改革〉以後も本書にのべたようにつづいている。そのうえ、戦後の政官業そして学の自己制御なき無責任がつづくとともに、国際的にみて異例の巨額赤字という財政破綻をともないながら、この二〇〇〇年代では絶対人口の減少をみる少子高齢段階にはいっていく。

日本は分権化・国際化が成熟する自治・分権型の先進国状況に飛躍できず、官治・集権という閉鎖型中進国状況のまま停滞・縮小するのではないか、があらためて問われている。そこでは、各大学・各学部をつらぬいて官治・集権発想が中核だった戦後大学教育の失敗とあいまって、国会議員の不見識による官僚型の無用な『文化芸術振興基本法』の制定に象徴されるような、官僚つまり行政の劣化、政治家ないし政治の未熟、くわえて多くの文化人、理論家の「私文化」性（本書六八頁以下参照）がつづくのである（拙著『社会教育の終焉』新版、二〇〇三年、公人の友社参照）。二〇〇〇年代になっても、官僚が政治・行政さらには経済・文化の中枢をにぎるとともに、この問題状況の切開については、政治家それにひろく市民すらも、無気力・無責任という、今日の現実そのものが問われていく。

私のとりくんだ理論領域については、二〇〇四年、九州大学助教授岡崎晴輝さんから、私も出席した同大学院講義で、次のようにまとめていただいた。〔　〕内は、岡崎さんの了承をえて、今回、私が補記している。

(1) ロック研究〔＋市民政治理論の思想史研究〕
(2) 社会理論〔大衆社会論・都市型社会論〕
(3) 政治理論〔市民政治論・分節政治論〕
(4) 憲法理論〔＋行政法理論〕
(5) 政策〔・制度〕理論〔＋政治再編論・危機管理理論〕
(6) 自治体理論〔＋法務・財務論〕
(7) 市民文化論〔＋市民活動論・文化形態論〕
(8) 日本政治論〔＋官僚内閣制論・政党類型論など〕

私自身は、これらの理論領域を、些末主義におちいらないよう、たえず包括的なマクロの視野から論ずるように心がけてきた。この岡崎さんの分類は、ヨコ軸・タテ軸の関係として、本書でのべた私の思考歴とクロスさせて位置づけていただきたいと思う。

これらのいずれの理論領域も、戦後の日本の政治学ないし社会理論では、それぞれ方法論の模索からはじめなければならない未開の領域であった。このため、理論構築には不可欠の「基礎概念」の設定からはじまり、個別・具体の用語の選定・造語にいたるまで、私なりの試行があった。

私が市民政治理論の形成のつぎにとりくんだ一九五〇年代後半の〈大衆社会〉論、つまり「近代」と異なる《現代》の理論模型の構築をめぐる作業については、日本の既成思考からの飛躍を提起したため、とくに、これまで種々の無理解ないし誤読があり、当時は直接の論争状況となっていった。

その後、日本における大衆社会→都市型社会、ないしはマス・デモクラシーの成立もあって、私の考え方は、ようやく《現代》の常識として理解されるようになった。最近では、日本大学助教授山田竜作さんが、シェフィールド大学博士論文をふまえた『大衆社会とデモクラシー』（二〇〇四年、風行社）、また英語版 Democracy and Mass Society: A Japanese Debate（二〇〇六年、学術出版会）で、「大衆社会論争」当時の、日本の政治・理論の文脈、さらに大衆社会論の意義をふくめて、整理いただいている。

新しい時代はまた新しい言葉を必要とする。ひろく時代の理論をかたちづくるとき、とくにその視座を確定していく基礎概念をどう設定するかが基本ないし起点となる。この基礎概念、これは価値概念でもあるのだが、これを私なりには、〈社会形態〉としての「都市型社会」をはじめ、文明軸としての「民主化・工業化」、また「市民自由」、「市民自治」、「シビル・ミニマム」「自治体改革（最近では自治体再構築）」、ついで「自治・分権」「政府信託」などを設定してきた。

これらの基礎概念を核とする発想から、従来の〈国家論〉の打破、ついで「公共概念」の転換、つまり政治の市民型新思考を誘発しながら、《市民》という人間型ないし文化類型を設定し、《市民政治》、《市民文化》をめぐる理論再構築を考えてきた。さらには、「多元・重層」というかたちで、〈分権化・国際化〉にむけての「分節政治」、さらに「基本法」についてのマクロ理論の模索もおこなっていく。

また、エコロジー、地域史、デザインという今日的文化文脈を設定するとともに、「大衆・市民」、「国家統治・市民自治」、ついで「政策・制度」、「法務・財務」、あるいは「予測・調整」、「組織・制御」、「構想・選択」、くわえて、「管理・行政・政治」、「地域個性文化・国民文化・世界共通文化」という、《現代》としての政治の緊張ないし論理を、従来のアカデミズムにおける実証・検証研究に対峙させていった。ここから、政治学ないし社会理論をめぐって、その発想の転換をうながしていく。

理論構築は、基本概念ないし基礎概念の設定、個別・具体の方法論の模策、さらには用語の選択・造出に関連すると、一九五九年の最初の著作『市民政治理論の形成』（岩波書店）、『現代政治の条件』（中央公論社）以来、たえず考えつづけてきた。日本政治学会の年報委員長のとき、一九八一年版年報の主題を「政治学の基礎概念」としたのも、このためであった。

今日の若い世代の理論家には、基礎概念をめぐる思考訓練の不可欠性を、あらためて、訴えておきたい。実証・検証研究も、この基礎概念の構築によって、「視座」したがって〈方法〉がきまり、ついで理論再構築となって用語法の転換もおきるのである。

以上にくわえて、一九六五年「知的生産性の現代的課題」、一九七〇年「シビル・ミニマムの思想」で提起したのだが、私は政治学ないしひろく社会理論の〈生産性〉ないし〈実効性〉をいかにつくりうるかについても、問題提起をおこなってきた（本書第2論考参照）。だが、残念ながら、日本の政治・経済・文化が転型期にあるこの二〇〇〇年前後でも、時務論ないし政策・制度の個別改革論、さらには日本再構築の戦略構成についての、実効ある発言はあまりみられない。

今日の日本は、拙著『転型期日本の政治と文化』（二〇〇五年、岩波書店）で整理したように、《日本再構築》が基本課題となる〈転型期〉にある。そこでは、都市型社会の成立にふさわしい分権化・国際化をめざして、今日もつづく明治国家を解体していく、個別・具体の政策・制度改革が急務になっている。このことは、すでに周知といってよい。

だが、日本の政治家、官僚、法曹、また経営者、あるいはジャーナリスト、理論家の課題設定、戦略構想は、閉鎖国家型の未熟にとどまる。前掲拙著『転型期日本の政治と文化』でみたように、すでに旧来の憲法学、行政法学をはじめ政治学、行政学、くわえて財政学における問題構成の失敗も明確になっている。とすれば、考え方ないし理論の再構築をめぐって、その〈生産性〉ないし〈実効性〉が問われるのは、当然であろう。そのうえ、「理論」ついで〈説得〉の論理なくして、《改革》はありえないのである。

日本の政治学、またひろく社会理論はその不毛性・些末性の当然の結果として、未来の構想・開発をめぐる思考熟度をもちえなくなっているといえるだろう。つまり、本書六八頁以降にのべた〈私理論〉の自己閉鎖性におちいり、思考方法ないし思考訓練としても、今日むしろ脆弱となる。

そのうえ、二〇〇〇年前後からの日本の社会・政治理論では、(1)明治国家を原型とする国家観念を想定した、戦前からつづく後・中進国性をもつ官治・集権思考からの脱却はもちろん、(2)実証・検証どまりという戦前からの「社会科学」、ついで戦後の「サイエンス」という発想の克服も不可欠となっている。

一九八〇年代、つまりバブル期前後は、中進国型経済成長の永続を想定するとともに、政治・行政が官治・集権の中進国状況にもかかわらず、地価の値上がりを背景に先進国状況に移行したと錯覚し、「ジャパン・アズ・ナンバーワン」とおだてられていく。このナンバーワンを「実証・検証」するサイエンス指向が学界できわだって、その後破綻していく。問題を主として流動過程とみなす最近の〈ガバナンス論〉も、基本法による政府の制度論理の溶解となって、政府責任の解除を導出する。


政治のみならず、ひろく社会、経済あるいは文化をめぐって、実証・検証型の個別理論が中心となるとき、理論の生産性・実効性の基礎となる「一望性」ついで「総合性」を欠如させていく。さらに、この理論の〈生産性〉ないし〈実効性〉をめぐっては、現実の再構築をめざした政策・制度改革論への深化こそが不可欠となる。

一九七〇年代頃からのアメリカへの大量研究留学もあって、アメリカ系の社会理論ないし政治学が日本で主流となっていくのだが、実証・検証どまりという、そのサイエンス型発想だけでは、〈条件純化〉から出発する「自然」科学と異なって、〈条件複合〉の「社会」、とくに政治について、ミクロ・マクロのいずれでも不完全情報しかえられない。このため、政治については、実証・検証が実質不可能という限界をもつことを、つねに再確認すべきであろう。

もちろん、実証・検証は不可欠なのだが、同時に実証・検証だけでは「ムダ骨」だという緊張感覚をもちたいと思う。むしろ、現実課題の解決をめざすため、「役に立つ」政策・制度改革への《構想》のなかではじめて、実証・検証が活きた生産性・実効性をもつという、思考方法ないし思考訓練が不可欠といってよい。

とすれば、《市民》つまり普通の人々を起点におき、《予測・調整》ついで《組織・制御》をめざす社会工学技術として政治をとらえる思考方法の熟成が新しく要請される。「思想」あるいは「精神」という〈私文化〉(拙著『転型期日本の政治と文化』第7論考参照)からの脱却は、この社会工学技術の熟成があってはじめてできる。

市民の社会工学つまり〈実務〉としての政治・行政をめぐって、《政策・制度》の開発、ついで《法務・財務》をめぐる熟度という、これまで日本の社会理論ないし政治学において未開だっただけでなく、市民活動自体が成熟するためにこそその習熟が不可欠という意味でも、この思考の新地平の開拓が要請される。

その間、いずれも従来型の学会とは異質だったのだが、自治体職員中心の自治体学会(一九八六年)、個別専門家間の交流をめざす日本公共政策学会(一九九六年)の創立に、私がとりくんだのもこのためである。

ここで、留意いただきたいのは、私の二〇歳代のヨーロッパ政治思想史研究の延長線上に、その後の日本政治研究、ことに自治体改革の構想があったのではないことである。本書第1論考にみたように、私は三〇歳前後から《自治体改革》を起点に日本政治の《構造改革》にとりくんだが、これはヨーロッパ政治思想史研究とサヨナラ、つまり断絶したうえではじめている。

日本の政治についての研究には、新たに日本の政治家、政党職員、また政治ジャーナリスト、ついで官僚、自治体職員、また経営者、法曹の方々、とくに一九六〇年代から日本で新しく登場する市民活動の方々との交流ないし討議のなかから、既成政治・社会理論の批判をおしすすめ、理論の再構築をみずからの課題としていった。

いわば、「書物」からはなれる、あるいは「研究室」の外に出るという、私自身の〈生活スタイル〉、いいなおせば《経験》の再編が不可欠であった。事実、大学でも研究室をもたないようにしてきた。

外国研究の「延長」ないし「応用」という考え方からぬけでて、私は日本の文脈ないし課題に直接とりくみ、そこから再出発している。外国モデルの日本へのアテハメでは、戦前から今日もつづいているような、理論不毛となってしまう。

とくに、敗戦後、いわゆる「戦後民主主義」の啓蒙期では、欧米デハ、ソ中デハ、つまりいわゆる「出羽守（デハノカミ）」の発想がみられた。この問題設定がいかに悲惨だったかを考えてみるべきだろう。日本の理論家たちが戦後、米欧に「近代」、ソ中に「未来」をみていたとき、米欧自体はすでに「現代」にはいり、ソ中は「後進国」だったのである。

この意味で、戦後数十年、米欧、ソ中についての日本型誤解にもとづく不毛な論議がさまざまにみられ、日本の知的活力の膨大な浪費となっていた。そのうえ、これまで「アジア」と一括りにしていわれてきたところにも、二〇〇〇年代では、工業化・民主化の不均等発展がすすみ、そこに高層ビルの林立する都市も忽然と登場している。農村型社会の永続を想定していた「悠久のアジア」も終わったのである。

私の関連した「大衆社会論争」がまさにこの錯誤問題の典型であった。当時の保守系から革新系まで、本文でもみているように《近代》と《現代》の構造差異に気づかないばかりか、その「国家論」ではいずれも農村型社会原型の国家統治型のため同型であった。それゆえ、農村型社会原型の思考による、私の都市型社会（大衆社会）原型の思考への批判は、批判とはならなかった。

また、二〇〇〇年代の今日では、市民自治対国家統治が日本における政治対抗軸になるにもかかわらず、与野党ともに政治家たちの多くはいまだ国家統治型発想にとどまるため、その憲法論議も不毛であるのみならず、前掲拙著『転型期日本の政治と文化』、さらに本書で再論したように、〈分権化・国際化〉を理解できず、明治国家から戦後もつづく〈閉鎖官僚国家〉の発想におちいっている。それぞれの地域・時代は、とくに変化のはげしい今日の日本では、たえず政治・社会、経済・文化の理論再構築のための新思考と新戦略が不可欠なのである。

福澤諭吉は、明治維新をはさんで、一身にして二世を生きたとのべていたが、このよくつかわれる例示であえていえば、私は一九二九年（昭和四年）生れのため、一身にして三世を生きることになった。

(1)　貧しく、かつ〈後進国型〉天皇制「国家統治」をかかげていた、戦時からその敗戦までの戦中期

(2)　「戦後民主主義」の名のもとに、官治・集権の〈中進国型〉経済成長による、農村型社会から都市型社会への移行という、日本の文明史的転換期

(3)　二〇〇〇年前後からの超絶した政府借金、ついで人口の老化・減少をふまえるのだが、「分権化・国際化」を基軸に〈先進国型〉「市民政治」への移行ができるか否かが問われる転型期

(3)の今日では、明治以来の日本の〈近代化〉をかたちづくる工業化・民主化がめざした後・中進国型の「進歩と発展」の楽観は終わる。むしろ、そこでは、自治・分権を起点におく〈市民政治〉型の先進国状況にうつれず、巨大借金ならびに人口減少・老化のため、官治・集権の中進国状況のままでの日本衰退という思考地平が、中国、インドなど各国それなりの〈近代化〉の加速との対照のなかで、あらわれはじめている。

くわえて、二〇〇〇年代になって、あらためて露呈してきたのだが、グローバル・ミニマム（世界政策基準）との緊張ももつ、環境基準、住宅基準、食品基準、医療基準さらには福祉基準など、生活の安全・安心をふくむ

シビル・ミニマムをめぐって、社会の解体、また政治の未熟、行政の劣化にともなう、市民社会型規範の溶解ともいうべき事態が、日本でおこりつつある。

そこには、自治体をふくめ、また国会・内閣、省庁の責任意識の喪失ないし「仕事をシタクナイ症候群」、ついで無責任な専門家の存在、さらには政官業学のナレアイの深まり、とくに日本の法制の時代錯誤性もくわわって、《現代》つまり「マス・デモクラシー」に固有なのだが、市民の生活・文化の自壊すらすすんでいく。ここから、都市型社会における日本の私たちの市民としての資質、つまり《品性・力量》が、あらためてきびしく問われてくる。

日本の政官業そして学という戦後複合の自己制御なき無責任のなかで、後・中進国型の「進歩と発展」にかわって、先進国型の「成熟と洗練」という《市民文化》の熟成が課題として、日本の市民に問われているというべきだろう。

本書は、理論レベルにおける回想を中心としたため、活字メディアに発言した私の「著述目録」を収録した。個人全集をださないことは早くからきめていたのだが、このような「著述目録」の公表は許されよう。

その間、全集にかわるものとして、すでに若き日の主要論文をまとめたハンディな『戦後政治の歴史と思想』（一九九四年、ちくま学芸文庫）がある。これは筑摩書房編集部の井崎正敏さんの着想によるものであった。また、おなじような性格をもつのだが、「大衆天皇制論」から「都市型社会と防衛論争」まで都市型社会への日本の変容をまとめた『昭和後期の争点と政治』（一九八八年、木鐸社）も、社長の能島豊さんとの若き日からの約束でまとめることができた。

「著述目録」は、さまざまな人々との出会いもあって、不完全ながら、私なりの同時代史をかたちづくっている。戦後の特定局面で、どのような争点が論じられていたのか、あるいはそこで何が考えられていたのかについての論点もでている。いわば戦後思想・理論状況の「資料」としても役立ちうるだろう。

私は、「歩きながら考える」とともに、市民の時代の今日、ひろく争点をご理解いただくために、基本論点についでは「反復」することも必要、とつねづね考えてきた。反復は、理論の実効性をしめすためだが、それをきたえることにもなろう。また、本書でも、『政策型思考と政治』以来、同じ図表をくりかえし使っている。図示により問題の構造、関連性をよく整理・展望でき、図表をつけなければ長くなる説明スペースを節約できるからである。もちろん、今回、図の細部に修正・追加を施したものもある。

私の仕事は、「著述目録」にもでている方々もふくめ、さまざまな方々との出会い、討議のなかで、積みあげている。まず、失礼もあったかと思うが、これまでお会いした方々に、さらに学生諸君をふくめて、感謝したい。学生諸君といえば、法政大学だけでなく、種々の機会に訪れた多くの大学、大学院などでの、それぞれ楽しかった議論の想い出をもつ。また、永年、大教室における講義では、きびしく思考をきたえられた。

本書でものべたが、一九七八年からはじまった東京多摩地区の通達研究会からつづく今日の行政技術研究会の自治体職員の方々には、政治・行政の現実との緊張のなかで、書物や研究論文、あるいは電波、新聞、雑誌にでてこない〈現場〉の論点について、月一回、三〇年近く議論をかさねることができたことに、あらためて御礼申しあげる。

また、法政大学法学部政治学科で、助手以来、停年までの長い間仕事ができたことも幸せに思っている。戦後、中村哲先生ならびに阿利莫二さん、藤田省三君など同僚の方々がはぐくまれたリベラルな学風のため、本文第1論考にのべたような、都市型社会への移行にふさわしいカリキュラム再編や人事改革まで、いちはやくとりくむこともできた。

法政大学は明治初期からの蓄積をもち、私が助手となった敗戦直後の一九五〇年代前半でも、図書館は充実していた。私の関連のみでいっても、ロック全集をはじめ哲学・思想史関係はもちろん、また一九世紀後半から第二次大戦にかけて、一方では政治・社会理論の二〇世紀的転換を主導した諸著作、他方では官僚型ドイツ国家学をふくめて、そろっていた。

戦前からの「協調会文庫」も、そのころ、すでに法政大学に移管されており、国内関係はもちろん、国外についてもフェビアニズムなど二〇世紀前半の社会主義系をはじめ、多様な生活、労働、政治をめぐる文献でも、ほかにない特性をもつ第一級のコレクションとしてまとまっていた。

私が最初に主題としたロックを中心とする市民政治理論の「古典的形成」についてだけでなく、二〇世紀前半の欧米についての、左右を問わず内外の文献・資料がそろっていたこともあって、市民政治理論の「現代的転換」にもとりくむことができた。法政大学にいなければ、とくに「現代的転換」の仕事はできなかったであろう。助手時代におけるこの「現代的転換」へのとりくみが私の大衆社会論となるのだが、個人の仕事は、それぞれ偶然として、このような条件をもっているのであろう。

第1論考は新稿だが、その他の本書所収論考については、執筆のチャンスをつくっていただいた各編集部の方々に、あらためて御礼申し上げたい。その初出は、各論考の末尾に付記している。また本書をまとめるにあたって加筆もおこなっている。短かい第2論考は、私の政策研究についての追想もふくまれるので、岩波書店のご厚意により拙著『政治・行政の考え方』から再掲載した。

本書における第1論考の文字入力には泉久恵さん（エッセイスト）、著述目録の作成には土山希美枝さん（龍谷大学助教授）の助力をえている。刊行にあたっては、戦後いちはやく設立され、大学出版の草分けとしての成果をもち、私にも想い出の多い法政大学出版局のお世話になった。編集代表平川俊彦さんには日頃のご厚情はもちろん、今回種々ご相談いただいた。校正については、奥田のぞみさんに文章をふくめて助言もいただいている。これらの方々に、感謝の意を表したい。

年齢をかさねることは、責任のかさなり、また反省のかさなりになるとしみじみ考えている。だが、この間、闊達な議論による示唆をたえずうけているのだが、現在私がつかっている都市型社会の文化特性をしめす《成熟と洗練》という問題設定も、長男夏生の考えによっている。また、日々の生活のなかでの配慮とともに、主宰するしごとの忙しいなかで、妻美知子はしばしば私の本を装画でゆたかにしてくれた。あらためて深謝する。

二〇〇六年一月

松　下　圭　一

●著者紹介

松下圭一（まつした・けいいち）

1929年福井県に生まれる．現在，法政大学名誉教授．元日本政治学会理事長，元日本公共政策学会会長．
著書：『市民政治理論の形成』『現代政治の条件』『現代日本の政治的構成』『戦後民主主義の展望』『現代政治学』『シビル・ミニマムの思想』『都市政策を考える』『市民自治の憲法理論』『新政治考』『市民自治の政策構想』『市民文化は可能か』『社会教育の終焉』『ロック「市民政府論」を読む』『都市型社会の自治』『昭和後期の争点と政治』『政策型思考と政治』『戦後政治の歴史と思想』『現代政治の基礎理論』『日本の自治・分権』『政治・行政の考え方』『自治体は変わるか』『都市型社会と防衛論争』『戦後政党の発想と文脈』『自治体再構築』『転型期日本の政治と文化』など．

現代政治＊発想と回想

2006年７月14日　初版第１刷発行

著　者　松　下　圭　一

発行所　財団法人 法政大学出版局

〒102-0073　東京都千代田区九段北3-2-7
電話03(5214)5540／振替00160-6-95814
製版・印刷／三和印刷　製本／鈴木製本所

ISBN 4-588-62516-0

松下圭一著述目録

〔凡例〕

①「著書」「編著」は刊行月、「雑誌」は刊行号、「週刊誌」「新聞」は刊行月日でしめしている。ただし新聞については朝刊・夕刊の区別は略した。なお、「書評」はすべてはぶいている。

②書名また媒体名は『　』、論文名などは「　」でしめした。

③「**著書**」「**編著**」は太文字とし、著書は刊行順にたとえば1 2 3…と頭に付している。収録論文も→印によって検索できるようにしたが、論文名と収録書の章名が異なるときがある。また、「**共編**」も太文字とした。「編著」のうち対談集については検索のため 1984-X をつけた。

④共編ないし討議（座談会など）・対談には、〔＋人名〕というかたちで、名前をあげさせていただいた。敬称を略している。

⑤〔再録〕には初出年を（19・・）と表示し、検索できるようにした。

⑥一定期間連続した新聞コラム担当、新聞書評委員としての執筆は個別に詳記せず、年度末に＊で注記した。刊行月日不明も各年度末に＊であげた。

⑦私の不注意のため脱落、また刊行月日不明があることについては、今日ではもう調べることもできないので、海容をお願いしたい。

1949

1　「習慣について」第四高等学校（旧制）文芸部『北辰』

1952

10　「ロックにおける近代政治思想の成立とその展開(1)」『法学志林』

12　「ロックにおける近代政治思想の成立とその展開(2)」『法学志林』

1954

5　『政治学事典』〔中村哲、辻清明、丸山眞男編集〕平凡社・編集事務担当

＊　「名誉革命のイデオロギー構造とロック」『一橋論叢』32巻5号（ロック没後250年記念号）

1956

3　「集団観念の形成と市民政治理論の構造転換(1)」『法学志林』

11　「大衆国家の成立とその問題性」『思想』　→2 17

12　「国家的利益と階級・集団」『講座　現代思想3』岩波書店　→2

1957

3　「マルクス主義理論の20世紀的転換」『中央公論』 →2
3　「巨大社会における集団理論」『日本政治学会年報1957』岩波書店 →2
5.22　対談「マルクス主義は変るか―大衆社会論をめぐって」〔＋上田耕一郎〕『東京大学新聞』
5　「史的唯物論と大衆社会」『思想』 →2
6　「民主主義の歴史的形成」『講座　現代思想６』岩波書店 →2
8　「日本における大衆社会論の意義」『中央公論』 →2
10.2　「新聞の大衆性と現代」『朝日新聞』 →2
11　「集団観念の形成と市民政治理論の構造転換(2)」『法学志林』
12　「現代政治における自由の条件」（1957年日本政治学会報告）『理想』（特集・大衆社会の諸問題） →2
＊　「構想力と理論」『講座　社会学７』月報、東京大学出版会 →2

1958

2　「社会民主主義の危機」『中央公論』 →2
5.7　「造語病患者頑張る」（学会カルテ）『東京大学新聞』
8.19　討議「地方社会と文化」〔＋坪川健一、杉原丈夫〕『福井新聞』
11　討議「現代社会と技術革新」〔＋星野芳郎、長洲一二〕『東京大学新聞』
11　「忘れられた抵抗権」『中央公論』 →2

1959

1.30　「日本文化論の視点」『朝日新聞』 →2
3.9　「抵抗者の忘れもの」『読書新聞』
4　「大衆天皇制論」『中央公論』 →15 17
6　1 **『市民政治理論の形成』**岩波書店
6　「日本の政治的底流」（共同調査）『中央公論』
6.8　「選挙はもうミズモノではない」『朝日新聞』
7　「戦後世代の生活と思想」『思想』 →6
8　「続大衆天皇制論」『中央公論』 →15 17
9　2 **『現代政治の条件』**中央公論社
10.4　対談「日本社会党の命運」〔＋田口富久治〕『朝日ジャーナル』
12　「戦後農村の変容と政治」『農業協同組合』 →3 27
12　「社会民主主義の二つの魂」『中央公論』 →3
＊　「憂楽帳」（時事コラム）『毎日新聞』（10月～）

1960

1.2　「中間層の生活構造」〔＋美濃部亮吉〕『朝日ジャーナル』 →3

1.18　「性革命」『日本読書新聞』　→3

2.8　「大衆娯楽と政治」『朝日新聞』　→3

2.15　「婦人雑誌の表情」『週刊読書人』　→3

4　「戦後世代論の座標軸」『AAA』有斐閣　→3

5　「大衆娯楽と戦後の思想状況」『思想』　→4

5　「労働組合の日本型政治活動」『日本政治学会年報1960』(1959年報告) 岩波書店　→15

5.2　「新憲法の感覚」『朝日新聞』　→3

5.2　「悪政に対する批判と抵抗は国民の義務」『朝日新聞』

5.16　「地域共闘組織の意義と課題」『週刊読書人』

5.29　「保守・革新―組織の対決」『朝日ジャーナル』　→3 27

7　対談「東京のムラ」〔＋宮本常一〕『民話』

7　「安保国民運動の提起する課題」『労働と経済』内外労働経済研究協会

7　討議「抵抗と創造の論理」〔＋鶴見和子、橋川文三〕『法政』

8　「国民運動の課題と革新組織」『月刊労働問題』日本評論社

8　「国民運動をどう発展させるか」『中央公論』

9　「社会科学の今日的状況―大衆社会論の今日的意義」『思想』　→ 2-増補版 17

10　**『大都市における地域政治の構造』**(杉並区調査)〔＋小森武、阿利莫二、高木鉦作、鳴海正泰分担執筆〕都政調査会

10.17　「末端活動家にこたえる総括を」『週刊読書人』

11.14　「東京のムラの壁」『読書新聞』

12.4　「〈安保〉直後の政治状況」『朝日ジャーナル』　→3 27

*　「憂楽帳」(時事コラム)『毎日新聞』

1961

1　『地域に民主主義を』国民文化会議1960年度全国集会資料

2　「自治体改革と自治労」『月刊自治研』

3　討議「国民運動における教研と教師」〔＋稲葉三千男、久保田正文、日高六郎〕『教育評論』

3　討議「構造改革論批判への反批判」〔＋石堂清倫、今井則義、佐藤昇、浜川浩、一柳茂治〕『経済評論』

3　討議「自治体改革と構造改革」〔＋鳴海正泰、加藤宣幸〕『月刊労働問題』

3　「構造改革と自治体」『月刊自治研』

3　「革新政治指導の課題」『中央公論』

3　〔再録〕「革新政治指導の課題」(同上)、日本社会党中央党学校監修『構造改革の理論』新時代社

3.13　「地域民主主義の掘り起し」『週刊読書人』
4　討議「ナショナリズムの問題」〔＋中村雄二郎、佐伯彰一、小川徹、村松剛〕『批評』春季号
4　「現代日本政治構造の底辺と末端組織」『国民政治研究会・資料37』
4.30　「レジャー・ブームの実在と不在」『朝日ジャーナル』　→3
5　「地域民主主義の課題と展望」『思想』　→3
5　「現代社会におけるマス・コミ」『講座 現代マス・コミュニケイションⅠ』河出書房　→15
5.20　「新安保一周年の反省」共同通信配信
6　「労働組合と革新勢力の新しい関係」〔＋加藤万吉、増島宏〕『経済評論』増刊・日本の革新政党
6　「不敬罪復活反対運動への視点」『国民文化』
7　討議司会「池田政治をどう評価するか」〔＋長洲一二、升味準之輔、和田正光、内田健三〕『現代の眼』
7　「地域民主主義と革新運動」『農村文化』
7.5　「ムラ状況の現実的把握を・地域民主主義と帰郷運動」『法政大学新聞』
10　**『地域活動の手引』**都政調査会編（共著）
11　「総選挙とその指標」『平和と民主主義』護憲連合
11　「戦後日本社会の変容」『中央公論』　→4
11.25　「溢れる幸福ムード・婦人雑誌」『読書新聞』
12.24　「社会党─交錯する二つの底流」『朝日ジャーナル』　→3 27
*　討議「自由主義と社会主義・19世紀ヨーロッパの社会と思想」〔＋岩間徹、木村健康、古在由重、村瀬興雄〕『世界の歴史14』筑摩書房

1962

2.6　討議「社会党はどこへゆく」〔＋向坂逸郎、成田知巳、穂積七郎〕『エコノミスト』
3　討議「現代政治学の状況と課題」〔＋中村哲、阿利莫二、藤田省三〕『法学志林』
4.9　討議「戦後天皇制の基盤」〔＋遠山茂樹、神島二郎〕『週刊読書人』
4.10　「婦人論の盲点と焦点」『朝日ジャーナル』　→4
5　「憲法擁護運動の理論的展望」『思想』　→3
5.1　「エチケットとエケチット」『毎日新聞』
5.4　「憲法をわがものにした婦人」『朝日新聞』
5.14　「都市の日本人（工業化・都市化の視点）」『読書新聞』
6　3**『現代日本の政治的構成』**東京大学出版会
7.5　「憲法を支える精神・抵抗権」『東京大学新聞』特集・憲法の記録
7.7　「硬直する政治地図・日本型選挙の背景」『毎日新聞』

9　「地域民主主義をどのように育てるか」『枚方民主運動史・あしあと』
11　討議「革新市政の意義と課題」〔＋阪上安太郎、小森武〕日本社会党組織局地方政治部『革新市政』
12　対談「日本社会党の思想状況」〔＋篠原一〕『中央公論』
12　「地域政治と地方議会」『都政』
＊　「マスコミ民主主義の論理」『現代のイデオロギー５』三一書房　→3
＊　**『国民政治年鑑** 1962年版』（資料集）〔国民政治年鑑編集委員会編〕（創刊の編集実務担当）日本社会党機関紙局

1963

1　「革新運動における地域の問題性」『月刊労働問題』　→4
1　「現代政治の分析方法」日本社会党社会主義理論委員会『理論月報』
1.5　「都市と村の未来像」『毎日新聞』
2.2　討議「百万都市」〔＋梅棹忠夫、川添登〕共同通信配信
2.11　対談「現代広告論」〔＋高木教典〕『週刊読書人』
3.11　「知識人の社会参加」『読書新聞』
4.1　「自治体選挙の思想的意義」『週刊読書人』
4.6　「地方自治の焦点と盲点」『毎日新聞』
4.14　「都市計画の未来像を語る」〔＋鳴海正泰、川添登、犬養道子〕『社会新報』
4.14　「選挙運動に最後の追い込みを」『婦人民主新聞』
5　「自治体選挙をふりかえって」『ひろば』銀行労働研究会
5.5　「国民不在の選挙制度」『朝日ジャーナル』　→4 27
5.8･9　「現代のサラリーマン」『朝日新聞』
5.10　「首都づくりを考える・新しい東京の会」『アサヒグラフ』
5.27　討議「大衆文化論のすすめ方」〔＋大岡昇平、針生一郎〕『週刊読書人』
6　「革新選挙指導の現状と課題」『都政』
7　「政治学における20世紀的視点」『月刊社会党』（社会主義理論委員会報告）
8.6　「池田内閣とニュー・ライト」『エコノミスト』　→4 17 27
9　〔再録〕「社会科学の今日的状況」（1960）『現代のエスプリ』（日本の近代化）至文堂
10　「Woman at Work（Changing Japan）」『Japan Quarterly』
11　「マス・カルチャーとしての広告」〔＋いずみたく、今井茂雄、柳田修治郎、石川弘義〕文化放送編『ラジオ・コマーシャル』
11　「戦後日本の政治特質と農業」『農業協同組合』
11.5　「革新市政の当面する課題」『エコノミスト』　→4
討議「革新市政をどう育てる」〔＋島野武、飛鳥田一雄、中島馨、吉田

法晴〕（同上誌）

12　討議司会「「家庭論争」の総決算」〔＋会田雄二、大熊信行、奥野健男、平林たい子、福田恆存〕『婦人公論』

12　「労組政治活動の理論的問題」『季刊労働法』（50号記念号）　→4 27

12　「総選挙における革新勢力」『月刊労働問題』

12　「地域ヨコ割の強化を」『総評主婦の会』

12.24　討議「ことしの思想的風土」〔＋長洲一二、日高六郎、山本進〕『エコノミスト』

＊　「マイホーム主義の脱却」『婦人公論』

＊　〔再録〕「性革命」（1960）大河内一男編『社会科学新事典』河出書房

1964

1　「保守・革新の政治体質」『世界』　→4

1.20　「保守内「革新」（ニュー・ライト）の新路線」『週刊読書人』

2　「日本昆虫記と日本政治」『映画芸術』

2　討議司会「憲法改正論議をどうみるか」〔＋江田三郎、中曽根康弘、佐藤功〕『婦人公論』

3　「母親運動10年のあしあとをふりかえって」〔＋帯刀貞代、松井恒子〕『月刊総評』婦人問題特集

3　「産業化の進展に伴う家庭の役割」〔＋磯野富士子、松原治郎、高橋展子〕労働省『婦人と年少者』

4.7・8　「工業化と婦人」『朝日新聞』　→4

5　討議司会「ILO 条約と日本の労働条件」〔＋大橋武夫、岩井章、野村平爾〕『婦人公論』

5.3　対談「資本主義の新時代をめぐって」〔＋長洲一二〕『社会新報』

5.25　「改憲阻止から憲法の完全実施へ」『法政大学新聞』

6　「民主主義の現代的状況と課題」『講座　現代12』岩波書店　→4

6　討議司会「地方新聞に生きる」〔＋尾関史郎、碓井巧、相木睦雄、久野啓介〕日本新聞協会『新聞研究』

7　「共稼論の今日的問題点」『婦人公論・暮しの設計』　→4

7.19　「大学の庭・弘前大学」『朝日ジャーナル』

8　討議司会「総裁公選が意味するもの」〔＋美濃部亮吉、唐島基智三、宮崎吉政〕『婦人公論』

9　「新池田内閣とニューライト」『思想』（時評）

9　「赤い殺意—果して基層文化の変化は成し得たか」『映画芸術』

9　「1970年への政治展望」『思想』　→4

9　「革新市長の夢と現実」『太陽』

10　「巨大都市問題と自治体改革」『経済セミナー』　→4

11　討議司会「原子力潜水艦の寄港をめぐって」〔＋赤沢正道、岡田宗司、海原治、服部学〕『婦人公論』

11.1　「〈近代化〉とイギリス労働党」『朝日ジャーナル』 →6

＊　**『国民自治年鑑** 1964年版』（資料集）〔国民自治年鑑編集委員会編〕（創刊の編集実務担当）日本社会党機関紙局

＊　「運動と知識人」木下順二・野間宏・日高六郎編『知識人の思想と行動』葦書房

＊　「政治学」『社会科学のすすめ』合同新書

1965

4　4**『戦後民主主義の展望』**日本評論社

4　「革新における構想力」〔＋遠藤湘吉、飛鳥田一雄、原彪、松本七郎〕『展望』

4　「日本の政治矛盾と政治記者」日本新聞協会『新聞研究』

6　「都議選へのアンケート」『都政』

6　「マンモス都政の解剖」『婦人公論』〔今月の社会診断〕

6.20　「佐藤新路線の背景と方向」『朝日ジャーナル』 →6 27

7　「知的生産性の現代的課題」『展望』 →6

7　「都議会汚職と革新勢力」〔＋太田薫、高橋正雄、柴田徳衛〕『月刊労働問題』

7　討議「都議選に誰を選ぶか」〔＋赤木須留喜、小森武、志賀寛子、針生一郎〕『都政』

7.25　「都議選の自民惨敗」共同通信配信

8　「佐藤内閣は何をするか」〔＋成田知巳、渋谷邦彦、柴田敏夫、内田健三、武山泰雄〕『婦人公論』〔今月の社会診断〕

8　『資料・戦後二〇年史　Ⅰ　政治』辻清明編（渡辺保男とともに編集実務担当）日本評論社

9　「都議会の新政治分野のこれから」『婦人公論』〔今月の社会診断〕

11　「明日の婦人問題を探る」〔＋田中寿美子、高橋典子、神田道子〕『婦人公論』〔今月の社会診断〕

12.12　「今日の革新行動とはなにか」『朝日ジャーナル』

＊　「自治体における革新政治指導」飛鳥田一雄編『自治体改革の理論的展望』日本評論社 →6

1966

1.25　「選択せまられる社会党」『エコノミスト』

1　「都政刷新運動の過程で」『都政』

2　対談「行政学の理論と課題」〔＋渡辺保男〕『法学セミナー』

2　　討議司会「明日の争点は何か」〔＋飛鳥田一雄、宮沢喜一〕『展望』

2　　「農村と政治」『成長の中のひずみ』（農業問題研究会議第1回大会報告）御茶の水書房

3　　討議「今日における婦人の役わり」〔＋伊藤昇、曽野綾子〕労働省『婦人と年少者』

4　　討議司会「社会党政権の前進」〔＋江田三郎、飛鳥田一雄〕『現代の眼』

6　　「市民的人間型の現代的可能性」『思想』　→ 2-増補版 17

6　　「自治体改革の意義」『社会主義運動』

9　　「革新市長下における市民生活と都市づくり」（第8回国民文化会議全国集会［第3分科会］資料）『国民文化』

10.30　　「日共の自主路線と工業社会の革命」『朝日ジャーナル』　→ 6 27

11　　「市民運動この一年」都政をよくする婦人団体連絡会『リコール運動この一年の歩み』

11.14　　「知識人論の再構成」『週刊読書人』

11.17　　「ビジョンと腐敗の谷間」『朝日新聞』

12　　「自由の現代的条件」法政大学政治思想研究会『政治思想』創刊号

1967

3　　「現代政治における政策・計画」『法学志林』　→ 6

4　　「構造変動と戦後民主主義」『世界』　→ 6 27

4　　討議「さあ都知事選」〔＋阿利莫二、赤木須留喜、高木鉦作〕『都政』

4　　「地方選挙における保守と革新」『月刊労働問題』

4　　対談「職業と社会参加」〔＋高橋徹〕『中央公論』

4.9　　「女の位置・家庭か職業かの誤謬」『朝日ジャーナル』

4.18　　討議「都市の保守と革新」〔＋磯村英一、安井謙、太田薫〕『朝日新聞』

4.19　　「地方選にみる自治意識」共同通信配信

4.21　　「自治体の思想成熟へ・美濃部知事の誕生に思う」『毎日新聞』

5　　討議「現代都市を考える」〔＋扇谷正造、高山英華、鳴海正泰〕『展望』

6　　討議「革新と地方自治」〔＋篠原一、貴島正道、高沢寅男、鳴海正泰〕『世界』

6　　討議司会「大東京経営論」〔＋石原舜介、角本良平、坂本二郎〕『別冊中央公論・経営問題』夏季号

6　　「革新都政の思想と問題点」『国民文化』

6.6　　「創意ある都政の実現を」『週刊とちょう』

8　　討議「一千万都市における対話」〔＋鳴海正泰、貴田憲一、藤竹暁〕『都政』

11　　「都市科学の可能性と方法」『世界』　→ 6

11　　「古典と政治学」法政大学政治思想研究会『政治思想』

「Strukturwandel und Nachkriegsdemokratie」『Kagami』Vol. 5, No. 1
＊　「標的」（時事コラム）筆名（ネガ）『朝日新聞』

1968
3　[5]『**現代政治学**』東京大学出版会
3　「新しい都市科学形成のために」〔＋川上英光、香山健一〕『経済セミナー』
4　「現代政治と直接民主主義」（横浜一万人集会の成果をふまえて）〔＋飛鳥田一雄、日高六郎、長洲一二〕『現代の理論』
4　「大都市行政と市民」『けんしゅう』京都市行政研修所
5　「明治百年をめぐるイデオロギー状況」〔＋北川隆吉、田口富久治、中村政則、犬丸義一〕『明治百年問題』青木書店
6　対談「市民社会の原理とは何か」〔＋大槻春彦〕中央公論社『世界の名著27（ロック・ヒューム）』付録、中央公論社
6.9　「戦後民主主義の危機と転機」『朝日ジャーナル』　→[2－増補版]
7　「社会主義国家における民主主義の再生」（チェコスロバキヤ共産党の行動綱領を読んで）〔＋佐藤経明〕『中央公論』
7　討議司会「京都市のまちづくり構想をめぐって」〔＋小倉襄二、庄司光、西山卯三、宮本憲一〕『けんしゅう』京都市行政研修所
9.21・27,10.3　「これがアメリカだ」『読売新聞』　→[6]
11.21　「社会主義と都市改革」『朝日新聞』
12　「思考とモデル」法政大学政治思想研究会『政治思想』
12.4　「都の中期計画を読んで」『東京新聞』

1969
1　「都市と現代社会主義」『現代社会主義』　→[6]
1.6　「地域開発と過疎対策」全国町村会『町村週報』
4　「革新都政この二年―提起された課題と展望」『都政人』（革新都政２周年特集号）
5.6.7.8　「読書ノート」『展望』
5　「都市問題に専門部を」朝日新聞東京本社編集局『えんぴつ』
6.8　「直接民主主義の論理と社会分権」『朝日ジャーナル』　→[2－増補版][6]
7　討議「60年代日本から70年代へ」〔＋高畠通敏、羽仁進、武藤一羊〕『展望』
7　討議「東京問題と市民運動の条件」〔＋榎並公雄、力石定一〕『都政』
8　討議「現代における労働運動の形態」〔＋倉野精三、中村秀一郎、石井平治、武部秋夫、上妻美章〕『全逓時報』
8　討議「革新戦線の断絶と統一」〔＋江田三郎、岩井章、吉川勇一、村上

明夫〕『中央公論』

9　2-増補版『**現代政治の条件**』中央公論社

9　「多党化拡大の都議選」『学習のひろば』

9　「大衆社会と管理社会」『現代の理論』

9　「現代市民運動の原理と展望」『現代社会主義』

9　〔再録〕「大衆国家の形成とその問題性」（1956）吉本隆明編『国家の思想』（戦後日本思想体系5）筑摩書房

10　対談「議会制民主主義はどこへいく」〔＋和田英夫〕『法律時報』

10　「都市創造の構想」『現代デザイン講座2』河出書房　→6

12　対談「民主主義と労働組合」〔＋武部秋夫〕『全逓時報』

12　「思想におけるエリート意識」法政大学政治思想研究会『政治思想』

12.1　「激動の時代を経験して—戦中・戦後」〔＋桜井恒次、長谷川泉、天野勝文〕『東京大学新聞』（創刊50年記念特集号）

＊　「視点」（時評コラム）『毎日新聞』

1970

1　討議「70年の婦人運動・婦人問題」〔＋中根千枝、もろさわようこ〕婦人有権者同盟『月刊婦人展望』

1　「ショッピング」『チャネラー』

1.3•5　「人間と思想」〔＋吉野源三郎、高畠通敏〕『中日新聞』

3　対談「階級概念の現代的変容」〔＋河合秀和〕『月刊労働問題』

3　「情報社会と広報」第9回東京都広報研究会記録

4　「余暇と都市空間」横浜市企画調整室『調査季報』　→6

5　対談「政策科学の方向」〔＋正村公宏〕『経済評論』

5　討議「都市計画を点検する」〔＋井出嘉憲、伊東光晴、加藤晃、川上秀光、小林陽太郎、篠原一、高橋裕、中村隆英、宮本憲一〕『世界』

5　「シビル・ミニマムの思想」『展望』　→6

6　「余暇の今日的意義」横浜市企画調整室『調査季報』　→6

7　討議「情報化社会・管理社会とコンミューンの論理」〔＋北沢方邦、荒川幾男〕『現代の理論』

7.11　「あなたは35才・第二の人生をどう生きる」『毎日新聞』

8　討議「革新市長70年代の実践」〔＋飛鳥田一雄、五十嵐広三、長谷川賀彦〕『別冊経済評論』（革新自治体特集）

8.2　「広汎な公害規制権限を」『毎日新聞』

8.16　対談「野党・再編成への直言」〔＋飛鳥田一雄〕『毎日新聞』

9　対談「自治体改革とは何か」〔＋鳴海正泰〕『現代社会主義』

9　討議「シビル・ミニマムの思想と市民・自治体の役割」〔＋広岡治哉、持田栄一、渡辺精一〕『都政』

9.20　「〈泰野ビジョン〉を読んで」（都知事選問題）『読売新聞』

10　『革新都市づくり綱領―シビル・ミニマム策定のために』全国革新市長会・地方自治センター編（参画）

10　「現代都市と市民」第18回西日本都市監査事務研修会会議録（中村市）

10　**『現代婦人問題入門』**〔編著〕日本評論社、編者論文「婦人問題の現代的構造」　→15

11　シンポジウム「自治体は何をすべきか―シビル・ミニマムをめぐって」〔＋井出嘉憲、和田八束〕日本地域開発センター『地域開発』

11　「公害問題で新聞に提言する」『新聞通信調査会報』

12　対談「政党政治と直接民主主義」〔＋久野収〕『現代労働問題』

＊　「現代都市行政と市民」京都市行政研修所『憲法と地方自治』

＊　「シビル・ミニマムとソーシャル・ワーカーの姿勢」東京ソーシャル・ワーカー協会報告書

＊　「標的」（雑誌紹介コラム）担当（半年）『朝日新聞』

1971

1　討議「自然・生産力・社会構造」〔＋正村公宏、森田桐郎〕『現代の理論』

1　討議「地方自治行政の可能性をさぐる」〔＋井出嘉憲、荻田保、柴田徳衛、浅田孝〕『行政管理』東京都

1　対談「住民が作る地方自治」〔＋渡久地政司〕『月刊市政研』豊田市政研究会

1.21　「現代民主主義の可能性」『信濃毎日新聞』

1.26　「市民・破られる政治の独占」『信濃毎日新聞』

2　〔再録〕「『にっぽん昆虫記』と日本政治」（1964）『現代日本映画論体系 4・土着と近代の相克』冬樹社

2　「市民運動と行政への参画」東京都立川社会教育会館『かんぽう』

3　6**『シビル・ミニマムの思想』**東京大学出版会〔毎日出版文化賞受賞〕

3　「公害と思想的人間型」法政大学政治思想研究会『政治思想』

3　「選挙と市民訓練」婦人有権者同盟『月刊婦人展望』

3.14　対談「東京をどうする・ビジョンの対決」〔＋内田元亨〕『朝日新聞』

3.23　「新権力論」『日本経済新聞』

4　対談「都市化状況にいかに対応するか」〔＋木谷忠〕日本新聞協会『新聞研究』

4.15　「大都市に新しい都市革命・統一地方選を展望して」『朝日新聞』

4.19　「分節民主主義の論理追及を」『朝日新聞』

4.28　対談「どう変わった都市と農村」〔＋福武直〕『朝日新聞』

5　対談「地方選挙の結果と革新の課題」〔＋篠原一〕『現代社会主義』

6　「政治とは何か」『別冊・経済評論』特集・脱政党時代の政治

6　7『**都市政策を考える**』（岩波新書）

6　「現代の都市政策と生協運動」『都市生活』

6　討議「この危機からの人間の復権」〔＋ホセ・デベラ、波多野誼夫、小松左京、ロバート・ハイアット〕問題提起・地域社会における生活基準の確立『第27回日本ユネスコ運動全国大会報告書』

8　「市民的徳性について」『図書』岩波書店

8　「政治とは何か」『別冊経済評論』秋季号

8.30　討議「日本の風景」〔＋菊竹清訓、中岡哲郎〕『新潟日報』

9.5　「対話からの街づくり」『大阪新報』

10　「市民自治による市民福祉」『社会福祉研究』　→14

10　討議「自治的地域空間の構造化をめぐって」〔＋田村明、大高正人、栄久庵憲司〕『SD』鹿島出版会

10　『武蔵野市基本構想・長期計画』〔（策定委員）＋遠藤湘吉、佐藤竺、田畑貞寿〕

11　「分節民主主義の形成」『マスコミ市民』

11　「下からのシビル・ミニマム計画」『都政人』

12　『**市民参加**』〔編著〕東洋経済新報社、編者論文「市民参加とその歴史的可能性」〔第7回吉野作造賞受賞〕　→15

12　「情報構造と市民運動」法政大学政治思想史研究会『政治思想』

1972

1　対談「市民運動の論理」〔＋飛鳥田一雄〕横浜市『勤労市民ニュース』

1　「自動車と土地と物価の関係」『婦人公論』〔井戸端会議〕〔以降、伊東光晴・なだいなだとの三名で連続担当〕

1.4　討議「都政の転換点について」〔＋浅田孝、正村公宏〕『週刊とちょう』

1.4　討議「住民自治と行政」〔＋松原治郎、長野士郎〕『山陽新聞』

2　「〈日本の体質〉を読んで」朝日新聞東京本社編集局『えんぴつ』

2　「授業料値上げと大学の価値」『婦人公論』〔井戸端会議〕

3　「公害をなぜ阻止できないか」『婦人公論』〔井戸端会議　ゲスト宇井純〕

3　〔再録〕「婦人問題の盲点と焦点」（1962）『現代のエスプリ』（婦人論）至文堂

3　「都市政策にシビル・ミニマムの公準を」『週刊東洋経済』増刊・激化する都市問題

討議「都市政策の基盤を求めて」〔＋中村貢、岡野行秀、坂下昇、川上秀光〕（同上誌）

4　「ゴミ戦争解決の具体案」『婦人公論』〔井戸端会議　ゲスト美濃部亮吉〕

4.2　「市民と都市政策」（京都府土曜講座）『夕刊京都』

4.14・15 対談「市民都市への挑戦」〔＋宮崎辰雄〕『神戸新聞』
6 「市民と都市政策」『技術と公害』
6 対談「都市環境をどうとらえるか」〔＋佐藤竺〕『現代法ジャーナル』
6 「沖縄の中の日本の問題」『婦人公論』〔井戸端会議　ゲスト中野好夫〕
6.27 「シビル・ミニマムと自治」『読売新聞』
7 「PTAは果して必要か」『婦人公論』〔井戸端会議　ゲスト西村文男〕
8 「ふえる余暇をどう生きるか」『婦人公論』〔井戸端会議〕
8 「市民参加とコミュニティ」第12回社会福祉夏季大学講義録
8 対談「新段階にきた革新自治体」〔＋鳴海正泰〕『月刊全電通』
8 対談「人間のための科学とはなにか」〔＋久野収〕法政大学『ウニヴェルシタス』（創刊号）
9 「田中内閣論」『中央公論』 →⑮
9 「あなたにとって家族とは」『婦人公論』〔井戸端会議　ゲスト田中寿美子〕
10 「いま私たちが食べられるもの」『婦人公論』〔井戸端会議　ゲスト高田ユリ〕
10 「巨大都市における自治と政治」『都政人』
10.10 対談「国土計画と市民自治」〔＋飛鳥田一雄〕『朝日ジャーナル』臨時増刊「日本列島改造論を裁く」
10.22・23 対談「福祉列島への改善」〔＋宮沢弘〕『信濃毎日新聞』
11 対談「ファッショ化の構造要因と共和・自治の観念」〔＋安東仁兵衛〕『現代の理論』
11 「日中国交回復のもたらすもの」『婦人公論』〔井戸端会議　ゲスト宇都宮徳馬〕
11〜1973.10 『岩波講座 **現代都市政策**』全12巻・編集委員〔＋伊東光晴、篠原一、宮本憲一〕岩波書店
11 「都市をどうとらえるか」『講座 現代都市政策Ⅰ』岩波書店 →⑮
11 吉野作造賞「受賞の言葉」『中央公論』
11 「市民運動と経済学」『現代経済７』東洋経済新報社 →⑭
12 「市民的自由の成熟」〔1970年代の課題・現代日本100人の意見〕『中央公論』（創刊1000号記念号）
12 「主婦とは何であるのか」『婦人公論』〔井戸端会議　ゲスト一番ヶ瀬康子〕
12.12 「政党配置まだ流動的」『サンケイ』
12.20 対談「政党の対応は」〔＋野口雄一郎〕『朝日新聞』
＊ 「都市づくりの新しいルール」〔＋久留宮歓人〕『30億・JC LIFE』
＊ 『読売新聞』書評委員

1973

1　討議「現代都市政策の可能性」〔＋伊東光晴、篠原一、宮本憲一〕『世界』

1　「自治体計画のつくり方」『講座 現代都市政策Ⅲ』岩波書店

1.1　「シビル・ミニマム」『信濃毎日新聞』

1.1　「住民が町をつくる」『熊本日日新聞』

1.3　「市民通じ国政も転換」『北国新聞』

1.17　「市民自治の確立へ」『読売新聞』

1.7・14　討議「地域再発見・新しい文化めざして」〔＋芳賀登、丸山健二、平野勝重〕『信濃毎日新聞』

2.21　「政治としての都市政策」『朝日新聞』

2　『1970年代の政治と市民運動』尾崎行雄記念財団講演記録

2　「La classe ouvriére et la politique」『Esprit』（Des Japonais Parlent du Japon）

3　「シビル・ミニマムと都市政策」『講座 現代都市政策Ⅴ』岩波書店

5.28　討議「新局面迎えた自治体」〔＋西村夫佐子、葉山峻、近藤紀男〕『朝日新聞』

6　対談「コミュニティの論理」〔＋木原啓吉〕『青と緑』

7　「市民参加と法学的思考」『世界』　→8 17

7.20　「市民自治と政党」『朝日ジャーナル』

9　「巨大都市社会の市民回答・都議選」『学習のひろば』

9　討議「都市の緑化をいかに推進するか」〔＋川本昭雄、中村恒雄、田畑貞寿〕『ランド・スケープ』

11　「市民と法学的思考」『親和』10周年記念号

11　〔再録〕討議「地方政治いま・これから」〔＋近藤紀男、西村夫佐子、葉山峻〕（1973）朝日新聞内政部『地方政治・新時代』勁草書房

12　『武蔵野市第1次調整計画』策定委員〔＋遠藤湘吉、佐藤竺、田畑貞寿〕

12　討議「いま労働者は何を求めているか」〔＋石川晃弘、塩田庄兵衛、清水慎三、山本潔〕『季刊労働法』73号

*　『朝日新聞』書評委員

1974

3　「憲法理論への市民的視角」『法律時報』　→8

3　『市民と市町村計画』東京都総務局三多摩島しょ対策室

12　「戦後憲法学の理論構成」東京大学社会科学研究所編『戦後改革3』東京大学出版会　→8

1975

2　「花について」（ロンドン便り１）平凡社『月刊百科』
3　「石について」（ロンドン便り２）平凡社『月刊百科』
4　「人について」（ロンドン便り３）平凡社『月刊百科』
4　〔再録〕「市民参加とその歴史的可能性」（1971）『現代のエスプリ』特集・住民運動、至文堂
4.15　「知事選・私の分析」『朝日新聞』
6　「環境と市民参加」環境庁『生命ある地球』（第３回環境週間記念講演集）ぎょうせい
7　討議「革新自治体第二期の展望」〔＋伊東光晴、宮本憲一〕『世界』
9　「革新自治体と自治体革新」『地方自治通信』（全国革新市長会総会特集）
9　⑧**『市民自治の憲法理論』**（岩波新書）
10　対談「転機に立つ自治体と福祉」〔＋飛鳥田一雄〕『経済評論』
12　討議「日本の自然保護」〔＋森田宗一、野田正穂、松岡磐木、益田勝実〕『法政』
＊　「Politics of Citizen Participation」『The Japan Interpreter』〈Spring〉

1976

1　「思想の言葉」『思想』
1　対談「市民自治の地平を拓く」〔＋久野収〕『市民』
1　対談「東京都はどこへゆく」〔＋阿利莫二〕『都政人』
2　「区における自治確立の条件」都政調査会『公選区長時代のはじまり』
4　討議「地方自治の現状を点検する」〔＋長野士郎、沖田哲也、加藤富子〕自治大学校『自治研修』
4.7　「国会の憲法責任」『読売新聞』
5　「自治体と農業」農業問題研究会議『農業問題』
5　対談「市民的共和の可能性」〔＋宮崎義一〕『展望』
5.6　「憲法を読み直す・地方自治」『朝日新聞』
5.20　都区政研究会『都政革新討議のための提言』〔＋篠原一、西尾勝、菅原良長、神原勝〕
6　討議「憲法と地方自治を考える」〔＋長洲一二、飛鳥田一雄、日下部喜代子〕横浜市『勤労市民ニュース』
6　「市民福祉の政策構想」『中央公論』　→⑮
6.3　「区市町村参加で都政の再編を」『週刊とちょう』
6.7　「自治体こそ農政の拠点」『日本農業新聞』
7　〔再録〕対談「人間のための科学とは何か」（1972）〔＋久野収〕高畠通敏編『新社会科学入門』三一書房
7.7　「かけがえのない自治への提言」共同通信配信
7.29　「市民参加のまちづくり」『広報ながい』（山形県長井市）

8　対談「市民的自由と分権化」〔＋小宮隆太郎〕『中央公論』
11　「革新自治体の再生」『自治高槻』
12　「自治体と農業の可能性―国家統治型農政から市民自治型農政へ」『農業の再構成を考える』全国共同出版
＊　『毎日新聞』時評コラム「視点」担当

1977

1.6～2.22　「新政治考」『朝日新聞』（40回連載）　→9
2　「国会イメージの転換を」『世界』　→15 17
2　対談「日本の議会政治」〔＋塩口喜乙〕『法学セミナー』増刊・現代議会政治
4　「協同組合運動と政治」『協同組合経営・研究月報』
4　「土木界へ望む」『土木学会誌』
4　討議「都市政策の原点」〔＋奥田道大、越智昇、野村浩一〕立教大学法学会『法学周辺』（別冊７）
5　9**『新政治考』**朝日新聞社
6.1　〔再録〕対談「市民的自由と分権化」（1976）〔＋小宮隆太郎〕『現代のエスプリ』（日本の政治）至文堂
6.10　討議「革新自治体の革新性とは」〔＋葉山峻、安江良介〕『朝日ジャーナル』
8　対談「日本の政治風土」〔＋伊東光晴〕『経済セミナー』
8　「市民自治と憲法」『埼玉自治』
9　「市民生活環境基準について」沼津市シビル・ミニマム研究会『要録』
9　〔再録〕「市民参加と法学的思考」（1973）室井力編『文献選集・日本国憲法12』三省堂
10　〔再録〕「憲法擁護運動の理論的展望」（1962）長谷川正安、森英樹編『文献選集・日本国憲法13』三省堂
11　「自治体革新と市民参加」『月刊自治研』（地方自治法30年・自治研20周年記念講演）　→14

1978

1　討議「「自治と連帯の全国市民集会」への問題提起」〔＋宮城まり子、八代英太、小倉襄二、長洲一二、飛鳥田一雄〕『地方自治通信』
3　討議「市民自治と市民参加の論点」〔＋大森彌、W・ハンプトン〕『地方自治通信』
3　討議司会「現代法研究の課題と方向―法政大学現代法研究所設立をめぐって」〔＋青木宗也ほか10名〕『法学志林』
4.7　討議「高度成長を問い直す」〔＋坂本義和，吉冨勝〕『朝日ジャーナル』

（創刊1000号記念号）
9　対談「都政における戦略と課題」〔＋浅田孝〕『都政人』
10　「東京圏をめぐる戦略と課題」『世界』　→⑭
10　「曲り角にたつ地方自治」大阪市政調査会『市政研究』
10　討議「市民自治と新保守主義」〔＋大島太郎、鳴海正泰〕『都政』
10.4・5・6　「新しい地域づくり」『山形新聞』
11　「防災計画を市民サイドで作りなおす」『都市創造』創刊号
11.27　東京会議シンポジウム〔＋松原治郎、岩田幸基、丸尾直美、川添登〕『読売新聞』
12　〔再録〕対談「日本の政治風土」〔＋伊東光晴〕（1977）伊東光晴編『日本の経済風土』日本評論社
12　「都市づくりの考え方」明星学園編『学びの原点へⅡ』新泉社
＊　「市民参加とシビル・ミニマム」広岡治哉・柴田徳衛編『東京・ロンドンの研究』法政大学出版局
＊　〔再録〕「大衆社会と管理社会」（1969）『現代の理論主要論文集』現代の理論社
＊　「Reappraising the Diet's Role」『Japan Echo』special issue
＊　「Citizen Participation in Historical Perspective」J. V. Konschmann ed.『Authority and the Individual in Japan』東京大学出版会
＊　「論壇時評」（1978. 1～1979. 12、48回）『朝日新聞』　→⑩

1979

1　対談「80年代の地方政治」〔＋長洲一二〕『法学セミナー』
2　「革新自治体から自治体革新へ」湘南文化懇談会レポート13
3　「市民型法意識と法社会学」（日本法社会学会報告）同学会年報『日本の法社会学』（創立30周年記念号）　→⑭
3　「パイオニア型農民を主体とする地域農業の推進を」農業問題研究会議『農業問題』
3　「党革新と江田さん」『江田三郎・ロマンと追想』（追悼集）
4.1　「知事選・私の分析」『朝日新聞』
4.15　「提言・都と区の分権化を」『東京新聞』
5　「都市づくり要綱の今日的意義」『地方財務』　→⑭
5　対談「草の根民主主義の意義と思想」〔＋松下竜一〕『月刊労働問題』
5　討議「地域社会の革新をいかにすすめるか」〔＋清成忠男、森戸哲〕『週刊東洋経済』増刊（地域主義の挑戦）
6　「市民社会」「大衆社会」「余暇」大阪市大経済研究所編『経済学辞典』岩波書店
8.28　「特別区政調査会の答申をみて」『都政新報』

9　「地域経済の可能性はどこにあるか」日本立地センター『産業立地』
9　「求められる行政の哲学」『地方自治職員研修』
10　対談「市民文化と行政の文化化」〔＋田村明〕『地方自治職員研修』臨時増刊 →1984-X
10　対談「転換期の行政と公務員」〔＋西尾勝〕『法学セミナー』増刊 →1984-X
11　「私の提案」（第１回全国行政シンポジウム）総合研究開発機構『自治と文化』
12　「地域社会と地方自治」生活クラブ共同組合『市民講座・地域社会づくりへの提案』
12　「地方の時代と政治」参議院協会『参風』

1980

1　討議「80年代の地方自治」〔＋大原光憲、西尾孝明〕『地方自治通信』
1　「A New Liberalism in Prospect」『Japan Quarterly』
2　「自治体計画中心の行政へ」『京都市政調査会報』
3　「都市景観」『朝日ジャーナル』臨時増刊ブックガイド80
4　「県と市町村の新しい関係のための問題整理」『自治体学研究』
4　「続・シビル・ミニマムの思想」『地方自治職員研修』（150号記念号） →14 17
4　「自由な時間の設計能力を」『法政』
4　「市民が政治を変える」『草の実』
5　「Decentralization and Political Culture」国際交流基金・日本研究センター『Center News』
6.25　「一強六弱と野党責任」『朝日新聞』
7　10**『市民自治の政策構想』**（1978・79年朝日新聞論壇時評集）朝日新聞社
7　「都市美の創出と山の景観美」『小島烏水全集５』月報、大修館書店
7　対談「市民文化の創造と社会教育」〔＋小川利夫〕『地方自治通信』 →1984-X
7　対談「地方の新時代と自治体」〔＋佐藤竺〕『ジュリスト』増刊 →1984-X
9　〔再録〕「自治体革新と市民参加」（1977）『現代のエスプリ』（住民参加）
10　討議「国政調査機能」参議院常任委員会調査室『立法と調査』（100号記念）
10　**『職員参加』**〔編著〕学陽書房、編者論文「職員参加の意義と理論構成」 →14
11　討議「まちづくりへの試行」〔＋伊東光晴、杉岡碩夫、西尾勝、篠原一〕『地方自治通信』
11　討議「環境整序権を考える」〔＋田村明、田畑貞寿〕埼玉県シンポジウ

ム記録

11　「コミュニティと家庭」『家庭科教育』

12　対談「緑とまちづくり」〔＋田畑貞寿〕『地方自治通信』 →1984-X

12　討議「地方の時代・市民の時代」〔＋西尾勝、大森彌、磯村英一〕『明日の都市 9』中央法規

＊　『読売新聞』書評委員

1981

1.1　「「市民社会・主義」に立ち」『朝日新聞』

1.3　「東京・責任の領域を明確に」『東京新聞』

1.8　インタビュー「安全保障」『朝日新聞』

2.7　討議「県民ぐるみで新時代」〔＋中川平太夫、小葉田淳、西野嘉一郎〕『福井新聞』

3　対談「行政改革の理念」〔＋渡辺保男〕『法律時報』臨時増刊

3.27　対談「多元的価値観の市民社会を拓く」〔＋日下公人〕『朝日ジャーナル』

4　「市民文化と市民行政」『地方自治職員研修』

4　「行政の文化水準を考えよう」行政の文化化をすすめるための研究交流集会『行政の文化化をめざして』

5　「市民・行政・情報」（日本行政学会報告）学会年報『行政と情報』ぎょうせい →14

5　**『文化行政**―行政の自己革新』〔＋森啓編〕学陽書房，編者論文「自治の可能性と文化」 →14

7　「自治体と文化」沼津新基本計画策定記念講演要録

8　対談「自治体政策づくりの意義と課題」〔＋丸山康雄、富塚三夫、大原光憲〕大原光憲・横山桂次編『自治体政策づくり読本』総合労働研究所

9　日本政治学会年報『政治学の基礎概念』「編集委員長はしがき」岩波書店

9　「権力」（同上書） →18

9　「都市型社会と防衛論争」『中央公論』 →15 17 23

12　「歴史環境保全の思想（第 5 回全国町並みゼミ記念講演）」『環境文化』 →14

12　対談「市民にとっての都市再生」（＋木原啓吉）『ジュリスト』増刊 →1984-X

1982

1　「The Urban Type of Society and International War」『Institute for Peace Science』Hiroshima University Research Report No. 8

2　「〈行政の文化化〉をすすめるために」国民文化会議『国民文化』

3　「地方の時代と文化行政」静岡県生活環境部県民生活課『せいかつ文化』創刊号

3　〔再録〕「続シビル・ミニマムの思想」(1980)『現代のエスプリ』(地方の時代)至文堂

3　討議「自然保護を軸とした市民参加」〔＋吉良竜夫、上田篤、藤谷豊、高橋裕、柴田繁隆、白木幸子、木原啓吉〕環境庁自然保護局『ナショナル・トラストへの道』(自然公園50周年記念) ぎょうせい

4　「自治と文化行政」神奈川県県民部文化室『個性的な地域づくりをめざして』(全国市町村文化行政研究交流集会基調講演)

4　「分権必要な都市型社会」朝日新聞社『平和戦略１』

4　討議「新しい自治体像」〔＋青山貞一、大森彌、桐島洋子、高橋安明、田村明〕神奈川県『自治体学研究』

5　「国土計画への課題と手続」国土庁企画調整局編『国づくりへの提言』東洋経済新報社

6　「行政概念の再編成を」『法学セミナー』増刊（情報公開と現代)

6　「市民にとっての都市再生」『ジュリスト』増刊

8.5　「減量への説得欠ける臨調答申」共同通信配信

8.31　「そなえは街づくりで」市報『むさしの』(防災市民委員会編・防災特集号)

9　「行政改革の課題と臨調基本答申」『行政管理研究』

9　「街づくりの手法と計画」日本青年会議所関東地区協議会・街づくり推進委員会『市民主導型のマイタウンをめざして』

10　「行政改革と青年会議所―市民主導型社会をめざして」日本青年会議所・'82市民会議推進特別委員会編『市民会議推進マニュアル』

11　対談「臨調答申の見逃したもの―行財政の構造改革案」〔＋西尾勝〕『世界』

11　対談「日本の政治社会構造」〔＋石川真澄〕『現代の理論』

12.29　討議「中曽根政権と野党の対応」〔＋岩垂寿喜男、堤清二、渡辺美智雄〕『朝日新聞』

*　『読売新聞』書評委員

1983

1　対談「成熟社会への行政運営」〔＋寄本勝美〕『ジュリスト』(行政の転換点)

1　「情報公開と行政の概念」『地域開発』

1.17　「活力生む野党の挑戦」『北海道新聞』

2　討議「饒舌あるいは雄弁について」〔＋香原志勢、吉田夏彦〕『図書』岩

波書店

2　対談「現代文明批判の視点をめぐって」〔＋槌田敦〕『地方自治通信』

2.21・22「もう一つの防衛論議」『毎日新聞』 →⑭㉓

3　「政治学の新段階と新展望」（1977年日本政治学会報告）横越英一編『政治学と現代世界』御茶の水書房 →⑱

5.21・22「地方自治の80年代」『毎日新聞』

5　「市民文化と地方自治」練馬市民大学編『市民の復権』中央法規

6　対談「自治体改革構想の基本マニュアル—菅原良長をめぐって」〔＋新藤宗幸〕『都政人』

6　「戦略をあやまる〈かけ声臨調〉」『ジュリスト』

7.1　「選挙制度で国民討論を」『朝日新聞』

8　「自治体の行革と情報公開」全国市議会議長会『第14回全国市議会幹部職員研修会講義集』

9　「行政改革の課題と臨調基本答申」『行政管理研究』

12　「80年代の地方自治」（財）高崎哲学堂設立の会『よろこばしき知識』

12　対談「情報公開と市民参加の課題」〔＋大森彌〕『地方の時代・実践シリーズ７』（市民参加のまちづくり）ぎょうせい

＊　『読売新聞』書評委員

1984

1　「対市民規律の欠如と防衛論議」『国民文化』〔国民文化会議『無防備地域運動』No. 3に再録〕

3　「日本の政策課題と政策構成」日本政治学会年報『政策科学と政治学』 →⑱

4　「自治体改革の成果と新展望」『自治体学研究』（20号記念号） →⑭

4　討議「武蔵野市〈指導要綱〉地裁判決をどうみるか？」〔＋五十嵐敬喜、田村明〕『地方自治通信』

5　討議「土木事業に求める役割」〔＋岡並木、中村英夫、推貝博美〕『土木学会誌』

5.21・22「文化システムとしての緑」『毎日新聞』 →⑭

7　対談「日本の政治における戦前と戦後」〔＋高畠通敏〕『法学セミナー』（特集 これからの日本の政治）日本評論社

9　「自治体職員論の再構成」『月刊自治研』（300号記念）

9　対談「政策研究の意味と可能性」〔＋田村明〕『晨』

11　「都市づくりの論理」都市を考える法律家と建築家の会・基調報告『環境文化』64号

11　討議「政治家とビジョン」〔＋竹中一雄、石川真澄〕『現代の理論』

11　討議司会「一年生議員大いに語る」『中央公論』

11.19･20 「『民間活力』の導入とは何か」『毎日新聞』 →[14]

12 「自主研究活動に期待する」地方自治体活性化研究会『自治のひろば』

12 [1984-X]**『都市文化をデザインする』**〔編著〕(対談集) 有斐閣

12 「市民の自衛権とジュネーブ条約追加議定書の重要性」『地方自治通信』

＊ 「Half-Democracy」『Japan Quarterly』(春季号)

1985

1 「自治体における政策研究の意義」『自治体学研究』

2 「市民自治による市民福祉」『月刊福祉』

2 「懐しい京橋界隈—中央公論100年によせて」『中央公論』

4 [11]**『市民文化は可能か』**岩波書店

4 〔再録〕討議「武蔵野市〈指導要綱〉地裁判決をどうみるか」〔＋田村明、五十嵐敬喜〕(1984) 後藤喜八郎編『都市づくり要綱裁判』日本評論社

5.24･25 「どうすすめる地方行革」『毎日新聞』 →[14]

6 「新しい行政スタイルと職員像」『地方自治職員研修』(特集・行政の文化化読本)

8 「戦後日本の自治」(連続講座・戦後日本を考える 9)『国民文化』

11.25･26 「「閉鎖国家」日本を超えて」『毎日新聞』

12 「自治体はどこまで変ったか」『ジュリスト』増刊 (地方自治の文化変容)

12 「市民会館と市民」飯能市『市民百科手帳』

＊ 「The Urban Type of Society and International War」Galtung and the others ed.『Global Militarization』Western Press (USA)

1986

3 「思想の言葉」『思想』

3 「自治体は何を求められているか」『地方行革を考える』(シンポジウム報告)

3 「行政の文化化とまちづくり」『まちづくりセミナー記録』(滋賀県)

4 「21世紀の街づくり」佐久青年会議所創立20周年記念第１回ふるさとシンポジウム議事録

7 **『自治体の先端行政—現場からの政策開発』**〔編集〕学陽書房

7 〔再録〕「〈自治〉はどのように展開しうるか」(1985『国民文化』連続講座) 日高六郎編『戦後日本を考える』筑摩書房 →[19]

8 [12]**『社会教育の終焉』**筑摩書房

9 「自治体における政策研究」『経済評論』臨時増刊・自治体学の構築を →[14]

10 討議「都市の棲み方」〔＋井上輝子、小室等、島田雅彦〕『かわさき』川

崎市
12　「理事長就任あいさつ」『日本政治学会会報』
〔本年以降、マスコミへの原稿寄稿をやめる〕

1987

1　対談「市民政治理論の現代的意義」〔＋有賀弘〕『月刊自治研』
1　対談「研修神話の解体と再編から自治の研究へ」〔＋西尾勝〕『地方自治通信』
2　「日本の近代化と政治」（講演）関西大学法学部『法学会誌』（創立100周年記念）
4　対談「JCのまちづくり運動」〔＋西尾勝〕『地方自治通信』
4　「新しい行政スタイルと職員像」（第6回全国文化行政シンポジウム報告）『月刊NIRA』
4.5　討議「変革期の地方自治」〔＋湯本安正、真野輝彦、小林実〕『信濃毎日新聞』
5　⑬『**ロック「市民政府論」を読む**』岩波書店
9　「今後の文化行政」NIRA『文化行政のこれまで・これから』
10　⑭『**都市型社会の自治**』日本評論社

1988

1　討議「地方自治の展開と課題」〔＋兼子仁、寄本勝美〕『法律時報』
2　「市民自治」「シビル・ミニマム」『社会学事典』弘文堂
2　〔再録〕「社会科学の今日的状況」（1960）『日本の社会学17』東京大学出版会
3　対談「自治体法務の展開のために」〔＋西尾勝〕『地方自治通信』
3　「これからの文化行政」自治体学会東北地域研究交流会『標』第2集
6　『**自治体の国際政策**』〔編著〕学陽書房、編者論文「自治体の国際政策」
→⑱
7.20　「政策研究をめぐる問題と状況」田村明・三木俊治編『とくしま自治体会議報告集』公人社
9　「独創的な地域文化を」長洲一二ほか編『地方の時代・いま』ぎょうせい
10　⑮『**昭和後期の争点と政治**』木鐸社

1989

1～1991.3　『昭和』（全19巻）編集委員〔＋尾崎秀樹、原田勝正、三国一朗〕講談社
1　対談「地方自治の構築にむけて」〔＋西尾勝〕『地方自治職員研修』（地方自治法40年・市町村制100年記念号）

3　〔再録〕「大衆天皇制論」（1960）『中央公論』特集・中央公論にみる天皇制 →⑮
4　〔再録〕対談「研修神話の解体と再編」〔＋西尾勝〕、対談「自治体法務の展開のために」〔＋西尾勝〕（1987、1988）地方自治センター編『自治体革新の政策と構想・下』（『地方自治通信』総集編）公人社
4　「現代法と政策法務」（1988年日本法社会学会報告）同学会年報『法社会学への期待』（40周年記念号） →⑱
6　「茶花のある店」『一輪ざしの四季（高野美和さんを偲ぶ）』（追悼文集刊行委員会編）
10　「求められる行政の哲学」『地方自治職員研修』
11　「都市型社会の政治発想」『講座・転換期における人間４』岩波書店→⑱
12　「現代社会とマルクス主義」『現代の理論』（終刊号）
12　対談「市民文化の基盤をどうつくるか」〔＋栗原彬〕『グラフィケイション』

1990

2　「国家神話の破綻と〈市民〉の可能性」流通産業研究所『流通産業』
4　対談「現代民主主義と地方自治」〔＋山内亮史〕『北海道自治研究』
4　対談「戦後政治と地方自治」〔＋村松岐夫〕『レヴァイアサン』木鐸社
5　「政治学を考える」（理事長挨拶）『日本政治学会会報』
7　**『資料・革新自治体』**編集委員〔＋鳴海正泰、神原勝、大矢野修〕全国革新市長会・地方自治センター編、日本評論社
11　〔再録〕「大衆天皇制論」（1960）『現代のエスプリ』（昭和から平成への天皇論）至文堂
12　「吉祥寺村立雑学大学に思う」『吉祥寺村立雑学大学』（500回記念号）

1991

2　討議「資本主義こそ脱皮を問われている」〔＋岸本重陳〕『SAPIO』（小学館）
3　「国家」大学教育社編『現代政治学事典』おうふう
3　対談「市民主義に耳を傾ける」〔＋岸本重陳〕『SAPIO』
4　「先駆自治体は憲法を超えた」『世界』
4　討議「これからの都市の文化行政を考える」〔＋鳴海正泰、本間義人〕『自治体政策情報』藤沢市
5　対談「首長のリーダーシップと自治体政治」〔＋田村明〕『月刊自治研』
5　「市民自治と文化のまちづくり」『地方自治ジャーナル』特集・第１回文化の見えるまちづくり政策研究フォーラム
8　対談「文化ホールと自治体の文化戦略」〔＋森啓〕森啓『文化ホールが

まちをつくる』学陽書房
9　「自治体の魅力と可能性」神奈川県自治総合研究センター『自治体学研究』（50号記念特集）
10　討議「20世紀の光と影」〔＋伊東俊太郎、田中庄司〕『神奈川大学評論』
12　⑯**『政策型思考と政治』**東京大学出版会〔NIRA東畑精一賞受賞〕

1992

5　「20世紀日本の読書遍歴」（アンケート）『よむ』岩波書店
8　「地図と自治体行政—地域生活環境指標地図をつくる」川崎市『かわさき』
11　討議「冷戦後世界の平和課題と自治体の役割」〔＋新藤宗幸、高柳先男、藪野祐三〕日本平和学会『平和研究』
11　〔再録〕対談「20世紀の光と影」〔＋伊東俊太郎、田中庄司〕（1991）神奈川大学評論叢書１『国家の変容』御茶の水書房

1993

1　「都市型社会と政策・制度転換」『シリウス』（創刊号）悠々社
1　討議「自治体による国際活動の展開」〔＋水嶋俊彦、内田和夫〕『月刊自治研』
1　「第１回自治体政策セミナー基調報告」『自治体政策情報』地方自治センター
5　「生活権の思想と政策」川添登・一番ヶ瀬康子編著『講座 生活学Ⅰ・生活学原論』光生館　→⑱
10　「政策の開発・研究・研修」山梨学院大学行政研究センター『政策研究と公務員教育』第一法規
12　「政策型思考と自治体」自治大学校『月刊自治フォーラム』　→⑱

1994

2　「市民と行政の役割について」『プレス・オールタナティヴ』
3　「政策型思考と自治体」地方議員政策研究会『LOPAS』
3　「組織・制御としての政治」『法学志林』　→⑰⑱
3　〔再録〕「政策型思考と自治体」（1993）自治研修協議会『地方自治における政策研修実施状況』
3　「戦後日本の政治と国民」福岡ユネスコ協会『第７回日本研究国際セミナー '93』議事録
4　『自治体の基礎理論—分権化・国際化・文化化への構想』地方自治総合研究所（自治総研ブックレット41）　→⑲
5　「自治体の法務政策」『判例地方自治』　→⑱

5 「行政・行政学・行政法学」（1993年日本行政学会報告）同学会編『行政学と行政法学の対話』ぎょうせい →⑱

6 「市民・自治体による政策研究・制度開発」（第１回神奈川県政策研究フォーラム）『地方自治ジャーナル』

9 ⑰**『戦後政治の歴史と思想』**（ちくま学芸文庫）筑摩書房

9 「会計検査のフロンティア」会計検査院『会計検査研究』 →⑱

12 「シビル・ミニマム論の回顧と展望」東京自治問題研究所編『21世紀の都市自治への教訓』

12 「市民団体の活動と課題」日本YMCA研究所編『YMCAとパブリックポリシイ（YMCAスタディズシリーズ12）』

12 「先駆自治体における政策開発」北海道市町村振興協会研究討論会報告 →⑲

1995

1 「分権段階の政治と自治体」『自治労通信』

2 対談「政策法務と自治体」〔＋五十嵐敬喜〕『地方自治ジャーナル』公人の友社

3 「分権の意義・課題と考え方」（地方の時代シンポジウム最終回・基調報告）長洲一二編『地方分権へ』ぎょうせい →⑲

討議「地方分権へ」〔＋大森彌、菅直人、並河信乃、川島正英〕（同上書）

5 「いま、なぜ、自治・分権なのか」（国民文化会議研究シンポジウム）『国民文化』 →⑲

5 〔再録〕「大衆天皇制論」（1959）天野恵一編『大衆社会と象徴天皇制』（コメンタール戦後50年）社会評論社

6 〔再録〕『いま、なぜ、自治・分権なのか―阪神大震災から自治体外交まで』国民文化会議シリーズNo. ２、世織書房 →⑲

6 「The Frontiers of Public Auditing」『Government Auditing Review』（Board of Audit JAPAN）（会計検査院）（1994の英訳）

7 「行政の劣化と考える職員」『地方自治職員研修』

9 ⑱**『現代政治の基礎理論』**東京大学出版会

10 〔再録〕「市民参加と法学的思考」（1973）『『世界』主要論文選1946～1995』岩波書店

10.23 「地方からみた地方分権」岩手ふるさとづくりセミナー基調講演『岩手日報』

1996

1 ⑲**『日本の自治・分権』**（岩波新書）

1 「日本国憲法の五〇年」天川晃・五十嵐武士編『戦後日本史と現代の課

題』築地書館 →[20]

1　「情報公開と市民参加」（北海道自治体学会報告）『フロンティア180』北海道町村会 →[21]

3.3　討議「地方分権・その展望と課題」〔＋仲地博、眞栄里泰山〕『琉球新報』

4　「阿利さんとみたムラ選挙」『阿利莫二追悼集』

7　「日本の公共政策研究（日本公共政策学会創立総会基調講演）」『日本公共政策学会会報』No. 1 →[20][33]

9　「日本の自治・分権」新潟県地域総合研究所『検証！地方分権』

10　「政策法務と自治体改革」島根県自治体学会『創・自治立法』

10　「政治学では何が問題なのか」（日本政治学会報告） →[20]

11　「分権改革と政策・制度開発」川崎市企画財政局都市政策調査室『政策情報かわさき』創刊号

11　〔再録〕「憲法擁護運動の理論的展望」（1962）伊藤公雄編『憲法と世論』（コメンタール戦後50年８）社会評論社

1997

1　「オンブズマン制度はできるか」参議院第三特別調査室『国会による行政統制の在り方』（国際基督教大学政府制度研究会への委託調査） →[20]

1　「北海道の自然と町村」『フロンティア180』北海道町村会

2　「分権段階の自治体と政策法務」山梨学院大学行政研究センター編『分権段階の自治体と政策法務』（創立50周年記念）公人の友社 →[21]

3　「都市型社会と自治・分権」東京都公民科・社会科教育研究会『都公社研紀要』

5　「市民立法の発想と法務」市民立法機構『市民による立法をめざして』（設立総会報告）〔市民立法機構レポート No. 1〕 →[20]

7　「分権段階の憲法と自治体」『フロンティア180』北海道町村会

8　討議「行政権とは何か」〔＋菅直人、五十嵐敬喜〕『世界』

10　「官僚内閣制から国会内閣制へ」（法政大学法学部政治学科コロキアム報告） →[20]

10　「政策開発と自治体改革」『桧山地域政策セミナー』（道南版地方自治土曜講座）

11　「計画づくりから地域づくりへ」『都市の未来にむけて』（武蔵野市制50周年記念講演記録） →[21]

1998

1　対談「首長はガバメントの長という自覚を」〔＋森啓〕『フロンティア180』北海道町村会

4 [20]**『政治・行政の考え方』**（岩波新書）
5 〔再録〕討議「行政権とは何か」〔＋菅直人、五十嵐敬喜〕（1997）菅直人『大臣』岩波新書
5 **『資料・革新自治体（続）』**編集委員〔＋鳴海正泰、神原勝、大矢野修〕地方自治センター資料編集委員会編、日本評論社
7 〔再録〕討議「抵抗と創造の論理」〔＋鶴見和子、橋川文三〕（1968）『鶴見和子曼荼羅Ⅲ』藤原書店
8 〔再録〕対談「政党政治と直接民主主義」〔＋久野収〕（1970）『久野収全集Ⅳ』岩波書店
10 「自治・分権とまちづくり」（新潟まちづくり学会設立記念講演会録） →[21]
11 「現代政治の条件」（1959）、「シビル・ミニマムの思想」（1971）『社会学文献事典』弘文堂
11 「自治体財務という新課題」八尾市 →[21]

1999

1 「自治体議会は新段階に」（北海道自治体学会報告）『フロンティア180』北海道町村会 →[21]
3 「政策法務とは何か」『地方自治職員研修』
3 『分権段階における総合計画づくり』（多治見市総合計画策定基調講演記録）多治見市ブックレット2 →[29][31]
5 〔再録〕「分権段階の憲法と自治体」（1977）、「自治体議会は新段階に」（1999）、「首長はガバメントの長という自覚を」〔＋森啓〕（1998）、北海道町村会編『分権時代の自治体理論』
5 討議「政策型思考について考える」〔＋北海道政策型思考研究会〕『論集「政策型思考と政治」を読む』（北海道自治体学会叢書）
7 「憲法」「自治体」「生活権（シビル・ミニマム）」『生活学事典』TBSブリタニカ
10 [21]**『自治体は変わるか』**（岩波新書）
12 討議「ゼロ・サム時代における自治体職員」〔＋川崎市職員〕『政策情報かわさき』川崎市

2000

1 対談「地方分権元年」〔＋西尾勝〕『地方自治職員研修』
3 「分権化時代の政治学」大東文化大学国際比較政治研究所『国際比較政治研究』第9号
5 討議「いま、あらためて『市民自治の憲法理論』を読む」〔＋森啓、神原勝、川村喜芳ほか〕『フロンティア180』夏期号・北海道町村会

7　対談「三層の底流から熟柿型革命」（シリーズ分権の貌15）〔＋川島正英〕『月刊地方分権』ぎょうせい

7　「解説」『内田満政治論集３』早稲田大学出版部

8　「耐えられますか地方分権」自治体学会三重県会議議事録

10　[22]**『転型期自治体の発想と手法』**（北海道町村会土曜講座ブックレット）公人の友社 →[31]

11　「地方分権時代の政策課題と職員像」『山形県地方分権セミナー』

11　「自治体政策と法務・財務」島根県市町村総合事務組合『教養講座記録集』

11　「夕日に輝いた光景」『高柳先男追想集』

11　「シビル・ミニマム」猪口孝ほか編『政治学事典』弘文堂

2001

1　対談「21世紀の民主主義を展望する」〔＋編集部〕『月刊自治研』

1　対談「分権型自治体計画への転換」〔＋編集部〕『地方自治職員研修』

1　〔復刊〕[6]**『シビル・ミニマムの思想』**（1971）東京大学出版会（創立50周年記念復刊）

3　「松下圭一著述目録」『法学志林』 →[33]

4　〔再録〕「大衆国家の成立とその問題性」成蹊大学法学部政治学科『政治学への案内』（リーディングス）

4　「分権段階の政策法務」福井県総務部市町村課講演記録

6　〔再録〕「政治の型と人間・文化の型」（1976）岩波書店『思想の言葉Ⅲ』

7　〔再録〕「〈私文化〉と〈市民文化〉」（1986）岩波書店『思想の言葉Ⅳ』

7　「自治体は転型期に」『地域コミュニケイション研究会の二〇年』（沼津市）

2002

1～5　**『岩波講座 自治体の構想』**全５巻、編集委員〔＋西尾勝、新藤宗幸〕

2　「自治体は変わるか」（北広島市講演記録）

3　「自治体財政の構造は変わった」（インタビュー）自治体学会『年報自治体学』

5　「市民文化の可能性と自治」（同上岩波講座５） →[32]

5　討議「政治家としての首長・議員」〔＋西尾勝、新藤宗幸〕（同上岩波講座５）

8　[23]**『都市型社会と防衛論争』**公人の友社（『中央公論』1981＋解説）

11　「なぜ、いま、基本条例なのか」公職研・臨時増刊号『自治基本条例・参加条例の考え方・作り方』 →[32]

2003

3　「転型期自治体における財政・財務」公職研・臨時増刊号『破綻する自治体、しない自治体』 →32

3　「自治体学会出発の頃」自治体学会『ニューズレター』（100号記念）→33

6　24『**社会教育の終焉**［新版］』公人の友社 →12

8　25『**シビル・ミニマム再考**—ベンチマークとマニフェスト』北海道町村会・地方自治土曜講座ブックレット、公人の友社 →31

9.25　「弔辞」法政大学・中村哲先生を偲ぶ会

10　「お別れの言葉」『みすず』（追悼　藤田省三特集）

11　26『**市民文化と自治体文化戦略**』第9回「文化のみえるまちづくり政策研究フォーラム」基調講演、公人の友社 →31 32

11　「都市型社会と自治体の再構築」第18回北海道会議（IBM 主催）

11　沖縄自治研究会「自治体再構築の起点」 →33

2004

2.10　「政策法務の過去・現在・未来」『政策法務1』第一法規

2　「政策法務と自治体再構築」東京都市町村職員研修所『翔』第7号 →32

2　27『**戦後政党の発想と文脈**』東京大学出版会

4　28『**市民立憲への憲法思考**—改憲・護憲の壁をこえて』CIVICS（市民立法1）生活社 →32

5　〔再録〕「市民立憲への憲法思考—改憲・護憲の壁をこえて」（2004）『北海道自治研究』

6　「市民活動と市民型政党の可能性」（インタビュー）『社会運動』

7.4　「NPO の手助けは間違い」『北海道新聞』（はなし抄）

7　「公共概念の転換と都市型社会」『講座・公共哲学11』東京大学出版会 →32

8　29『**転型期の自治体計画づくり**』［（1999）の新稿］（TAJIMI City Booklet No.2）公人の友社 →31

9　「市民発想の憲法理論をつくるために」参加型システム研究所『参加システム』 →33

12　30『**自治体再構築の市民戦略**』公人の友社 →31

2005

1　「ロック『市民政府論』再考」『NIRA 政策研究』 →33

7　31『**自治体再構築**』公人の友社 （22 25 26 29 30の合冊）

9　「自治体再構築はできるか」『シンクタンクふくしま・ニューズレター』夏季号

9　「手廻し計算機で考える」『石川真澄という人がいた』（追想録）

12　32『**転型期日本の政治と文化**』岩波書店

2006

3　「2000年分権改革と自治体」『新しい地方自治の創造』日本青年館

7　33『**現代政治・発想と回想**』法政大学出版局